KATZEN CLICKER-BOX

Das steht auf den Übungskarten 2

Clickern leicht gemacht 4

Was ist Clickertraining? 5

Die Arbeit mit dem Clicker 10

Auf den Clicker konditionieren 18

Verhaltensweisen einüben 19

Signale und „Kommandos“ 25

Die häufigsten Fragen 32

Auflistung aller Übungen 42

Register 44

Trainingstagebuch 46

1 Tricks

2 **22 | High Five (Hand-Pfoten-Schlag)**

1

3 ➤ **Ziel:** Die Katze schlägt eine Vorderpfote gegen Ihre erhobene Handfläche.

➤ **Anfänge:** Bitten Sie Ihre Katze auf einen erhöhten Platz, sodass sie sich auf Augenhöhe vor Ihnen befindet. Zeigen Sie ihr ein Leckerli und ziehen Sie es nicht zu schnell vor ihr in die Höhe. Wenn Sie eine Pfote bevorzugen, bewegen Sie Ihre Hand von dieser aus diagonal nach oben. Pfötelt sie danach, clicken Sie und geben ihr das Futter. Zu Beginn clicken Sie, sobald sie ihre Pfote nur entlastet oder wenige Millimeter hebt. Nach einigen Wiederholungen verstärken Sie bevorzugt ein höheres Heben. Schon bald heben Sie Ihre leere Hand, verändern dabei schrittweise die Handbewegung zum späteren Signal – Handfläche vor der Katze – und nehmen das Leckerli erst nach dem Click auf. Formen Sie die Pfotenbewegung bis auf die Höhe Ihrer Hand etwa auf Kopfhöhe der Katze. Die meisten Katzen berühren die Hand dann spontan, Sie können aber auch selbst vorsichtig „einschlagen" – und sofort verstärken. Führen Sie ein Signalwort vor der Handbewegung ein.

➤ **So geht's weiter:** Üben Sie den Hand-Pfoten-Schlag auch auf anderen Plätzen, in anderen Zimmern und zu anderen Tageszeiten.

G|U

Katzen Clicker-Box

Ziehen ist meist ineffektiv. Sie können es verhindern, indem Sie mit einigen Gegenständen eine Schneise

an einem leichtgängigen Schubfach. Zu Beginn halten Sie ihr das Ende noch hin oder zeigen darauf.

4

G|U

Ratgeber, S. 30, 31

Das steht auf den Übungskarten

Auf den Karten finden Sie alle Informationen und Hinweise, um mit Ihrer Katze erfolgreich trainieren zu können. Hier lesen Sie, was die einzelnen Kartenelemente bedeuten.

1 **Farbcode:** Die Übungen sind in drei Kategorien unterteilt. Jede Kategorie hat eine eigene Farbe, die Sie auf den Karten wiederfinden:

Clicker-Basics

Erziehungsübungen

Tricks

2 **Nummer und Name der Übung**

3 **Übungsanleitung:** Der Text auf den Karten erläutert Schritt für Schritt, wie Sie die jeweilige Übung richtig aufbauen und worauf Sie besonders achten müssen.

4 **Verweis auf das Begleitbuch:** Auf der angegebenen Seite finden Sie im Ratgeber zusätzliche Trainingshinweise, Tipps und Hintergrundinformationen.

Clickern leicht gemacht

Das Clickertraining bietet viele Möglichkeiten, Ihre Katze zu fördern, ihr Erfolgserlebnisse zu verschaffen und sie zu erziehen. Als interaktives Lernspiel verbessert es auch die Beziehung zwischen Katze und Mensch – und macht beiden Spaß. In diesem Büchlein finden Sie die Grundlagen zu dieser faszinierenden Trainingsmethode.

Was ist Clickertraining?

Das Clickern ist eine sehr angenehme Trainingsmethode. Sie hat nichts mit unseren üblichen Vorstellungen von Dressur zu tun und kommt ganz ohne Zwänge, Strafen und Unterordnung aus. Und trotzdem – oder gerade deshalb – lernen Katzen mit dieser Trainingsmethode sehr schnell. Zahlreiche Belohnungen sorgen dafür, dass auch eigensinnige Samtpfoten freiwillig mitspielen. Sie wiederholen die gewünschten Verhaltensweisen gern, da sie ganz offensichtlich Erfolg versprechen. So gern, dass wir sie auch problemlos an „Kommandos“ knüpfen und dann bei Bedarf abrufen können. Jede unserer Aufforderungen bietet der Katze nun eine gute Gelegenheit, eine Belohnung zu kassieren. Das Clickertraining ist damit ein für beide Parteien angenehmes „Tauschgeschäft“.

Was ist ein Clicker?

Der handliche Clicker besitzt eine bewegliche Metallzunge, die mit einem Knopf ausgelöst wird und ein charakteristisches Geräusch erzeugt genau genommen ein Klick-Klack. In einem ersten Trainingsschritt lernt die Katze, dass dieses Geräusch zuverlässig eine Belohnung ankündigt. Dadurch wirkt der Click etwa wie Geld, nur dass jeweils sofort ein Leckerli oder eine andere Belohnung „ausgezahlt“ wird, statt sie zu sparen. Bei den späteren Clicks weiß Ihre Katze nun, dass sie sich eine Belohnung verdient hat, und zwar mit genau der Bewegung oder Verhaltensweise, die sie im Moment dieses Geräusches gezeigt hat. Durch den Clicker kann sie Erfolg versprechende Aktionen also sehr gut erkennen. Im Laufe des Trainings führt die Katze die erwünschten Verhaltensweisen dann häufiger aus, da Clicker und Belohnung diese verstärken, wie es im Fachjargon heißt.

Was ist das Besondere am Clickern?

Der Clicker bietet viele Vorteile gegenüber dem herkömmlichen Training, obwohl er auf den ersten Blick ein Umweg oder ein lästiges Hilfsmittel zu sein scheint.

Exakte Belohnung

Wie bei einem Spielautomat kündigt das eindeutige Klick-Geräusch einen „Gewinn“ an. Und wie bei einem Computerspiel „markiert“ es eine erfolgreiche Aktion, die Katze kann sie als gewinnbringendes Verhalten erkennen. Mit dem Clicker als Marker können Sie die gewünschten Verhaltensweisen daher sehr viel exakter belohnen als nur mit Futter. Soll Ihre Katze beispielsweise lernen, sich am Esstisch dezent zu verhalten, anstatt mit vollem Körpereinsatz und lautstark zu betteln (→ Karte 15), ist dies mit Futter allein schwer zu üben. Denn wenn Sie ihr ein Häppchen reichen, während die Katze still sitzt, verbindet sie Ihre nächste Bewegung in Richtung Essen mit einer möglichen Belohnung und wird voller Vorfreude betteln. Mit jedem Leckerchen belohnen

WISSENSWERTES

- Schon in der ersten Hälfte des letzten Jahrhunderts bildete man in den USA Filmtiere verschiedener Arten mit Hilfe des Clickers aus.
- Seit den 1960er-Jahren werden Zootiere, wie Delfine, Tiger und Elefanten, mit dieser Methode beschäftigt und lernen, medizinische Untersuchungen zu tolerieren.
- In Deutschland clickert man seit den 1990ern bei der Hundeausbildung. Auch bei anderen Tieren – inklusive Katzen – ist dieses Training erfolgreich.

Sie also ihre Unruhe. Mit dem Clicker können Sie dagegen einen ruhigen Moment Ihrer Katze „einfangen". Sie wird das Click-Geräusch als Lohn für ihr bedächtiges Warten auffassen, sich natürlich über das Essen freuen, aber anschließend wieder die Erfolg versprechende Strategie der geduldigen „Ansitzjagd" verfolgen.

Auf Distanz belohnen

Mit dem Clicker können Sie Ihre Katze auch sehr gut aus der Entfernung beeinflussen, um mit ihr beispielsweise das Apportieren zu üben (→ Karte 30). Wenn sie gerade ein Spielzeug im Maul trägt, verstärken Sie mit jedem Click Bewegungen in Ihre Richtung und bekräftigen dadurch, dass sie sich auf dem richtigen Weg befindet. Daraus lernt sie, dass sich das Bringen des Spielzeugs für sie lohnt. Hier nur Leckerlis zu werfen, würde ganz andere Lernerfolge nach sich ziehen. Wahrscheinlich würde Ihre Katze die Belohnung eher mit Ihrer Handbewegung verknüpfen als mit ihrem eigenen Verhalten. Oder sie ist so mit ihrem Spielzeug beschäftigt, dass sie das geworfene Futterstückchen in diesem Moment vielleicht gar nicht wahrnimmt. Damit haben Sie eine Belohnung verschenkt – das ist zwar nicht schlimm, aber auch nicht hilfreich.

Kein ständiges Locken

Das Clickertraining ist nicht in dem Maße von Belohnungen abhängig wie andere Trainingsmethoden, bei denen das Tier mit Leckerlis zu bestimmten Verhaltensweisen gelockt wird. Katzen merken schon nach kurzer Zeit, dass Sie ihnen mit einem Click eine Belohnung versprochen haben. Und eine geübte Clickerkatze folgt Ihnen nun auch in die Küche, um ihren Lohn zu kassieren. Der größte Vorteil besteht jedoch darin, dass Ihre Katze auch „mitspielt", wenn sie kein Futter sieht oder riecht. Beim Clickertraining locken Sie Ihre Katze höchstens zu Beginn einer neuen Übung. Futter ist hier zwar wirkungsvoll, aber nicht die Bedingung dafür, dass Ihre Katze in ein Spiel einsteigt. Und da bei den meisten Übungen der Clicker später nicht mehr eingesetzt und nicht immer belohnt wird, klappen sie auch dann, wenn die Leckerchen längst aufgefressen sind.

Anspruchsvolle Aufgaben

Durch ein exaktes Timing lernen Katzen auch recht komplizierte Verhaltensweisen vergleichsweise schnell, weil sie in kleinen Schritten aus einzelnen Bewegungseinheiten aufgebaut werden können (→ Seite 21). Zum „High Five" beispielsweise schlägt keine ungeübte Katze spontan mit ihrer Pfote in Ihre Handfläche ein, aber durch schrittweise Annäherungen erreicht man dieses Ziel erstaunlich schnell.

Mehr als eine Futterbelohnung

Ihre Katze muss im Clickertraining selbst aktiv werden, mitdenken und ausprobieren, welcher Weg für sie der lohnende ist. Dabei lernt sie, dass sie selbst den Click auslösen kann und dass sie damit die Situation unter Kontrolle hat. Dies führt dazu, dass schon durch den Click allein das „Glückshormon" Dopamin vermehrt das Belohnungszentrum des Gehirns aktiviert. So manche Katze lässt daher im Laufe der Übungen das Futter links liegen und „arbeitet" nur noch für Click und Lob. Erfreulicher Nebeneffekt: Selbst verschaffte Erfolge verbessern auch die Selbstsicherheit und bauen ängstliche Katzen auf. Und durch das Clickertraining sind sogar stressfreie tierärztliche Maßnahmen bis zur Blutentnahme möglich (→ Karte 17).

Beziehungspflege

Da der Mensch als wichtiger Spielpartner der Katze positive Feedbacks liefert, stärkt die Zusammenarbeit maßgeblich ihr Vertrauen zum Menschen. Das Clickern verbessert so die Beziehung zwischen Mensch und Katze – und zwar in beide Richtungen. Das Clickertraining wirkt gegen Langeweile sowie Unterforderung und verhindert damit störende Verhaltensweisen. Und selbst Problemverhalten kann mit dem Clickertraining behoben werden. All dies trägt zu einem stressfreien und harmonischen Zusammenleben bei.

Besser als Lob mit der Stimme

Ein Lob aus unserem Munde schmeichelt der Katze durchaus. Allerdings ist die menschliche Stimme abhängig von unserer Tagesform und selten frei von Emotionen. Daher kann es vorkommen, dass selbst ein gut gemeintes Lob von der Katze als Tadel aufgefasst wird, wenn etwa unser Ärger über ihr früheres „Fehlverhalten“ mitklingt. Andere Menschen loben das Tier mit anderer Stimme – für die Katze sind identische Wortsignale nicht einfach wiederzuerkennen. Der Click ist dagegen ein sehr markantes Geräusch, das sich deutlich vom Alltagstumult abhebt. Er klingt immer gleich, zu jeder Tageszeit, in jeder Situation und von jedem Menschen ausgelöst. Ein weiterer Unterschied zum Lob mit der Stimme ergibt sich durch

NEUGIER FÖRDERN

Als „Nebenwirkung“ des Clickertrainings bemerkt man gelegentlich eine vermehrte Neugier der Katze. Ärgern Sie sich bitte nicht über eine ausgeräumte Schublade oder andere „Intelligenzleistungen“, sie sind Zeichen eines zufriedenen Tieres.

die stets konsequente Koppelung an die Futterbelohnung: Auf jeden Click folgt ein Futterstück. Das verbale Lob steht dagegen meist für sich allein da, legt zwar die Zustimmung des Menschen nahe, hat für die Katze aber keine weitere Bedeutung. Und da es keine Belohnung ankündigt, hat es eine viel geringere Wirkung (→ Seite 18).

Die Arbeit mit dem Clicker

Was sich so leicht anhört, erfordert von Ihrer Seite eine Mischung aus Spaß, Geduld, guter Beobachtung, schnellen Reaktionen und Management. Am besten machen Sie sich schon vor den Übungen mit Ihrem „Handwerkzeug" vertraut und proben einige Minuten lang den Umgang mit Clicker, Target und Leckerchen in einem Raum ohne Katze. Probieren Sie aus, wie Ihnen der Clicker am besten in der Hand liegt und versuchen Sie auch alternative Griffe (→ Karte 7). Drücken Sie den Button mehrmals probeweise. Achten Sie dabei darauf, dass zwischen beiden Tönen keine Pause liegt. Obwohl sich jeder schnell für eine bestimmte „Clickerhand" entscheidet, ist es sinnvoll, auch mit der anderen etwas Übung zu bekommen.

Wenn Sie den Targetstab zusammen mit dem Clicker in einer Hand halten, haben Sie die andere für die Futterbelohnung frei oder für Hilfsmittel wie den Reifen (→ Karte 26). Üben Sie das bewegungslose Halten des Targets während des Clicks: Berühren Sie dafür mit der Targetspitze das Blatt einer Pflanze und clicken Sie. Wiederholen Sie die Übung so lange, bis sich das Blatt beim Click nicht mehr bewegt – ein paar Minuten Training mit einer geduldigen Pflanze freuen Ihre Katze, wenn sie ihre Nase an ein ruhiges Target hält.

Wichtige Regeln

Man kann das Clickertraining durchaus als Geschicklichkeitsspiel betrachten: Die Katze lernt, wie sie die Clicks auslösen kann, der Mensch lernt, im richtigen Moment zu reagieren. Damit das Spiel funktioniert und Ihre Katze die wichtigen Zusammenhänge schnell begreift und gerne mitspielt, sollten Sie einige Grundsätze beachten:

Keine Strafen

Ein besonders angenehmer und wichtiger Bestandteil des Clickertrainings ist, dass Einschüchterungen jeder Art unterbleiben. Schimpfen oder andere Strafen verängstigen und entmutigen Katzen nur, sie brechen das Training dann oft ab. Wenn Sie Ihre Katze bestrafen, besteht außerdem die recht große Gefahr, dass Ihre Katze dies nicht mit ihrem Verhalten in Verbindung bringt, sondern mit dem Ort der Bestrafung und der Situation. Sie kann dadurch eine Abneigung gegen Mitkatzen und Menschen – auch gegen Sie! – entwickeln. Unerwünschte und sogar störende Verhaltensweisen sollten Sie deshalb einfach ignorieren, sie führen die Katze also nicht zum Erfolg. Wenden Sie sich dann kurz von ihr ab. Bei folgenschweren Verhaltensweisen wie Angriffe auf Mitkatzen können Sie auch spontan für 20–30 Sekunden das Zimmer verlassen, bevor Sie sich dem „Störenfried“ wieder freundlich für einen neuen Durchgang zuwenden.

Kein Zwang

Schieben, Drängeln, Ziehen oder ähnliche Zwangsmaßnahmen sind tabu, weil sie die Katze ebenfalls irritieren oder verängstigen. Wenn Sie möchten, dass Ihre Samtpfote eine bestimmte Position einnimmt, ist der Einsatz von Targets sehr viel wirkungsvoller (→ Karten 1+2).

Keine Überforderung

Clickern ist für Ihre Katze vor allem dann einfach zu verstehen, wenn Sie mit leichten Aufgaben beginnen und die Anforderungen in sehr kleinen Schritten steigern. Auch bei einem Computerspiel steigt man nicht auf Level 10 ein. Unter Anfänger-Bedingungen sind die ersten Aufgaben jedoch lösbar, die Fehlerquote gering und die Vorfreude auf weitere Herausforderungen groß. Überschätzen Sie auch nicht die Konzentrationsfähigkeit Ihrer Katze. Geübte Clickerkatzen spielen 5–10 Minuten lang mit, die ersten Übungen einer Katze sollten dagegen nur 2–3 Minuten dauern. Beenden Sie das Training, bevor Ihre Katze es abbricht, dann behält sie ihre Begeisterung.

Ein Click, ein Leckerli

Bei einer gewünschten Verhaltensweise clicken Sie nur einmal (Klick-Klack), das reicht, um Ihrer Katze die Belohnung anzukündigen. Geben Sie ihr möglichst nach jedem Click eine Belohnung, da Sie ohne anschließende Leckerli-Gabe Enttäuschung auslösen. Je mehr Clicks folgenlos bleiben, desto mehr lässt ihre unwillkürliche Wirkung nach und die Katze reagiert kaum noch oder überhaupt nicht mehr auf das Geräusch. Geben Sie jeweils nur ein Futterstück. Wenn Sie Ihrer Katze mehrere nacheinander reichen, kann sie schwer erkennen, wann sie wieder aktiv werden muss.

Mehrere Futterstückchen auf einmal nimmt Ihre Katze sicher gerne an, daran anschließende einzelne Leckerli wirken dann allerdings enttäuschend.

Stop-Action-Prinzip

Da der Clicker eine Belohnung ankündigt, beendet die Katze das gewünschte Verhalten nach dem Click, um sich diese abzuholen. Dies ist normal, sogar vorteilhaft, weil die Katze so mehrmals hintereinander in eine Übung „geschickt" werden kann. Wenn Ihre Katze beispielsweise bei der „Sitz"-Übung (→ Karte 8) im Moment des Hinsetzens einen Click bekommt, dann aber zum Futter gehen muss, hat sie anschließend eine neue Gelegenheit, sich hinzusetzen und die angenehme Erfahrung zu wiederholen. Das beschleunigt den Lernprozess deutlich. Soll die Katze dagegen auch nach dem Click auf einem Platz bleiben (→ Karte 9), so belohnt man zunächst ihr Verweilen, bis sie dort auf die Belohnung wartet – auch Katzen können sehr pragmatisch sein.

Exaktes Timing

Mit dem Clicker „fangen" Sie meistens eine Verhaltenssequenz mitten in der Bewegung ein. Damit Ihre Katze schnell erkennt, was genau sie wiederholen muss, um eine weitere Belohnung zu bekommen, müssen Sie im richtigen Moment clicken. Bei den Übungen zum Nasentarget (→ Karte 1) wird diese Beziehung

BESTE BELOHNUNG

Für das Training ideal sind begehrte Leckerlis, die es nur zu diesen Übungen gibt. Erbsengroße Stücke reichen aus, sonst ist Ihre Katze nach kurzer Zeit pappsatt. Anfangs sollten sie besonders lecker sein, später reicht gute oder normale Qualität.

deutlich: Die Katze soll ihre Nase an das Target halten. Dies erreichen Sie, indem Sie clicken, während sich die Nase am Targetstab befindet. Clicken Sie jedoch einen Moment später, wenn Ihre Katze die Nase schon wieder zurückzieht, verknüpft sie die Entfernung vom Target mit Click und Belohnung und wird ihre Nase daraufhin immer schneller wegziehen.

Keine Selbstbedienung

Die einzige Einschränkung, die Ihre Katze beim Clickertraining erfährt, ist die, sich das Futter nicht selbst nehmen zu dürfen. Sie würde sich sicher gerne am Vorrat satt fressen, aber ihr Lernerfolg würde in der Erfahrung bestehen, wie sie Essen stehlen kann. Bewahren Sie den Futtervorrat daher

VORÜBUNGEN MIT DEM CLICKER

Damit Sie den Clicker bei Ihrer Katze optimal einsetzen, lohnen sich einige Vorübungen zum Timing:

- Drehen Sie einen Wasserhahn nur so weit auf, dass etwa alle 2–5 Sekunden ein Tropfen fällt. Clicken Sie mit jedem Auftreffen im Becken. Eine Plastikschüssel unter dem Hahn bietet Ihnen eine akustische Kontrolle.

- Durch Spiele mit menschlichen Partnern bekommen Sie Rückmeldung zu möglichen Missverständnissen. Stellen Sie Ihrem Partner eine leichte Aufgabe, z. B. ein Fenster zu öffnen, natürlich ohne sie ihm mitzuteilen, und clicken Sie ihn durch diese Übung. Übernehmen Sie auch einmal die Rolle der Katze, um zu verstehen, dass ein exaktes Timing für das Clickertraining wesentlich ist.

außer Reichweite Ihrer Katze auf. Taschen oder Beutel lassen sich gut am Gürtel tragen, das Futter ist dort für Sie rasch erreichbar. Bevor Sie im „Ernstfall" lange kramen müssen, üben Sie beizeiten das Herausfischen einzelner Leckerlis. Kleine Schraubgläser mit einem Vorrat können gut in der Wohnung verteilt werden, die Leckerlis sind dann an mehreren möglichen Trainingsorten schnell greifbar. Wenn Ihre Katze erst gar keine Gelegenheit bekommt, den Vorrat zu plündern, wird sie es auch nicht (mehr) versuchen.

Missverständnisse vermeiden

➤ Clicken Sie nicht, um Ihre Katze zu rufen. Sie wird natürlich kommen, um ihr Leckerchen abzuholen. Aber Sie haben sie damit sicher – ungewollt – für etwas ganz anderes belohnt, etwa Essen vom Tisch zu stehlen oder wegzugehen – eben für das, was Ihre Katze im Moment des Clicks gerade tat. Trainieren Sie lieber das Kommen auf Zuruf (→ Karte 3).

➤ Beginnen Sie das Clickertraining nicht zur Ablenkung von unerwünschtem Verhalten. Der Trainingsbeginn selbst wirkt schnell wie eine Belohnung auf Ihre Katze und wird auch derart störende Verhaltensweisen verstärken.

➤ Achten Sie auf Ihre Körpersprache. Eine schnelle Annäherung oder sich über die Katze zu beugen kann sehr bedrohlich auf sie wirken.

➤ Vermeiden Sie einen langen Blickkontakt. Schauen Sie Ihrer Katze nicht erwartungsvoll in die Augen, wenn Sie ihr eine Aufgabe gestellt haben. Sie wird ebenso erwartungsvoll zurückschauen, vielleicht sogar verängstigt. Solche gegenseitigen Erwartungen blockieren die Aktivität der Katze meist völlig. Bei einigen Tricks kann jedoch der Blickkontakt der Katze zum Halter als Aufforderung zu einem neuen Durchgang und damit als Signal genutzt werden (→ Karte 36).

Blinzeln Sie Ihrer Katze lieber mit einem zweimaligen langsamen Schließen und Öffnen Ihrer Augenlider zu. Diese Form der Beschwichtigung ist jedoch generell nur bei manchen Übungen und Katzen sinnvoll, da sie ihre Aktivität ebenfalls hemmen kann, das gilt vor allem für „fordernde" Verhaltensweisen wie das „High Five" (→ Karte 22).

Clickern mit zwei oder mehr Katzen

Das Clickertraining mit mehr als einer Katze bedeutet einen etwas größeren Aufwand, macht aber auch großen Spaß. Die Konditionierung auf den Clicker (→ Seite 18) sollten Sie mit jeder Katze einzeln durchführen, damit die Ablenkung für sie möglichst gering ist und auch Sie sich vollkommen auf Ihren Spielpartner konzentrieren können.

Ein separates Training der ersten Übungen ist aus denselben Gründen sinnvoll.

- Sperren Sie sich mit der „Trainingskatze" in einem Zimmer ein (→ Seite 36) oder bringen Sie die restlichen Stubentiger in einen anderen Raum.
- Sorgen Sie für Beschäftigung der nicht trainierten Tiere, etwa durch eine Handvoll in das Zimmer geworfene Leckerchen oder Intelligenzspielzeug.
- Beginnen Sie das Training mit der „einfachsten"

Katze, das ist diejenige, die aktiv ist und gerne frisst. Mit ihr können auch Sie gut Ihre ersten Clicker-Erfahrungen machen.

- Üben Sie ein paar einfache Aufgaben mit ihr, beispielsweise „High Five“ (→ Karte 22) oder das nützliche Target-Training. Die „Platz“-Übung (→ Karte 2) und das „Warten“ (→ Karte 9) sind gute Grundlagen für das spätere gemeinsame Training mit allen Ihren Katzen.
- Trainieren Sie mit jeder Katze einen eigenen Sitzplatz ein, der entweder durch seinen Standort in der Wohnung oder durch eine spezielle Form oder Farbe eindeutig bestimmt ist. Wenn alle Katzen wenige Minuten lang auf ihrem Platz bleiben und dort ihre Leckerlis erwarten, können Sie alle Tiere zum Training zusammenbringen.
- Fragen Sie nun eine möglichst einfache Übung von einer Katze ab, zu Beginn am besten von der aktivsten. Nach dem Click belohnen Sie dann alle Katzen, die eine für ihre Übung, die anderen für ruhiges Sitzen. Die Aufgaben verteilen Sie nun abwechselnd an Ihre „Kandidaten“.
- Mit zwei ruhigen Samtpfoten können Sie durchaus gemeinsam trainieren. Katzen lernen auch gut durch Beobachtungen. Vor allem, wenn sie einer befreundeten oder verwandten Katze beim Erlernen einer Aufgabe zuschauen können, meistern sie selbst diese Übung deutlich schneller als ohne Vorbild. Da die Regeln gut verständlich sind, reagieren beide auf denselben Clicker und wissen dennoch schon nach kurzer Zeit, für wen der Click eigentlich gedacht war. Bei Bedarf können Sie die Katzen aber auch auf unterschiedliche Click-Geräusche konditionieren.
- Beim Training mit mehr als drei Katzen ist es ratsam, zumindest am Anfang einen Helfer für das Training einzuladen, damit alle Tiere kontrolliert mitspielen.

Auf den Clicker konditionieren

Damit die Katze nach dem Click eine Belohnung erwartet, muss sie beide Elemente fest miteinander verknüpfen, d. h. die Katze wird klassisch konditioniert. Das Prinzip kennt Ihre Katze schon: Wenn Sie den Futternapf auf die Anrichte stellen oder eine Leckerli-Packung aufreißen, kommt sie voller Erwartung zu Ihnen gelaufen, denn diese charakteristischen Geräusche tauchen immer vor der Fütterung auf, sie sind zu ihrem Erkennungszeichen geworden. Allerdings reagieren nicht alle Katzen gleich stark darauf, weil dieses „Training" nicht immer optimal abläuft, die Katze vielleicht keinen Hunger hat oder verschiedene Näpfe bekommt, die beim Abstellen unterschiedlich klingen. Auf den Clicker können Sie sie dagegen unter optimalen Bedingungen so konditionieren, dass er eine unwillkürliche Reaktion auslöst: die feste Erwartung bzw. das Verlangen nach Futter. Vor diesem Signallernen testen Sie nur kurz, ob Ihre Katze auf den Click aufmerksam reagiert oder etwa Angst zeigt (→ Seite 35). Ist Ihre Katze wach und vielleicht etwas gelangweilt, bereiten Sie etwa zehn Leckerlis in Erbsengröße vor. Nehmen Sie jeweils eines zwischen die Finger, der Clicker kommt in die andere Hand. Halten Sie sich in der Nähe Ihrer Katze auf, clicken Sie einmal und legen oder werfen Sie das Leckerli sofort vor ihre Nase. So verabreichen Sie ihr auch das restliche Futter.

Wichtige Clicker-Regeln

- Das Leckerli liegt maximal zwei Sekunden nach dem Click vor der Katze, sodass sie es sofort sieht.
- Vor dem Click sowie zwischen Click und Leckerli gibt es keine anderen Signale wie auffällige Handbewegungen o. ä.
- Die Katze verhält sich vor einem Click nicht auffällig bzw. auf unerwünschte Weise, indem sie etwa am Sofa kratzt.

➤ Clicken Sie nicht nur, wenn die Katze sitzt, sondern auch wenn sie steht und geht. Ansonsten ist das Verhalten der Katze vor dem Click nebensächlich.

Weiteres Vorgehen: Am nächsten Tag folgen einige Durchgänge mit wenigen Änderungen:

➤ Legen Sie die Leckerlis „katzensicher“, für Sie aber gut greifbar in Ihrer direkten Nähe hin.

➤ Nehmen Sie erst nach einem Click ein Futterstück auf und geben Sie es schnell der Katze.

➤ Wenn Sie fast alle Leckerlis verfüttert haben, testen Sie die Verknüpfung: Clicken Sie, wenn Ihre Katze Sie nicht anschaut und warten Sie ein paar Sekunden mit dem Futter. Sieht Ihre Katze sich suchend um? Dann ist das Signallernen erfolgreich verlaufen, Ihre Katze ist nun auf den Clicker klassisch konditioniert. Dieser Trainingsschritt muss höchstens nach einer sehr langen Pause noch einmal kurz wiederholt werden, oder wenn die Katze sich nach vielen Clicks ohne Belohnung daran gewöhnt hat und nicht mehr reagiert.

Verhaltensweisen einüben

Nun kann das eigentliche Training losgehen, die sogenannte operante Konditionierung. Dabei verknüpft Ihre Katze ihr eigenes Verhalten mit der Belohnung. Click und Leckerli verstärken das unmittelbar vorher gezeigte Verhalten, sie wiederholt es nun gern. Das heißt aber auch, dass die Katze eine generelle Veränderung lernt, nämlich dass sie den Click selbst auslösen, d. h. selbst aktiv werden muss. Erwarten Sie nicht zu viel von ihr, gestalten Sie die ersten Übungen sehr einfach. Da die Katze noch keine Wort- oder Handsignale für die Bewegungen kennt, die wir verstärken wollen, nutzen wir verschiedene Möglichkeiten, diese auszulösen.

„Einfangen“ einer Bewegung

Natürliche Verhaltensweisen, die Ihre Katze gelegentlich von selbst zeigt, verstärken Sie am besten in dem Moment, wenn sie auftreten. Meist sind es einfache Bewegungen wie Sitzen oder Kratzen, die Sie auf diese Weise „einfangen“ können. Bei manchen Verhaltensweisen, die sich kaum durch Anreize von außen auslösen lassen, wie das Strecken (→ Karte 21), sind Sie auf das Einfangen oder „capturing“ angewiesen. Clicken Sie, während Ihre Katze das Verhalten ausführt,

FLEXIBEL BLEIBEN

Alle Übungen bauen auf natürlichen Verhaltensweisen der Katzen auf, so das „Sitz“, aber auch das aus einem Pfotenhieb abgeleitete „High Five“. Die dargestellten Trainingsansätze sind als Beispiele zu verstehen, viele Ziele können Sie auch auf anderen Wegen erreichen.

- Berücksichtigen Sie bei der Auswahl der Übungen auch die individuellen Vorlieben und Abneigungen Ihrer Katze.

- Katzen, die im Betteln geübt sind, bringen „Vorbildung“ zum Clickertraining mit: Sie wissen bereits, dass sie durch ihr Verhalten Leckerchen ergattern können und lassen sich auch nicht so schnell entmutigen, wenn ein Vorstoß von ihrer Seite nicht von Erfolg gekrönt ist.

am besten noch in einer Vorwärtsbewegung, nicht erst nach dem Abschluss. Der überraschende Click für eine spontane, eindeutige und angenehme Aktion führt zu einem recht schnellen Lernerfolg. Nach einigen Clicks und Belohnungen wiederholt Ihre Katze diese Verhaltensweise gern. Allerdings müssen Sie bei dieser Methode Ihre Katze sehr aufmerksam beobachten, um das gewünschte Verhalten möglichst häufig und exakt zu verstärken. Ihre Katze wird diese natürliche Verhaltensweise weiterhin auch spontan zeigen, aber während des Trainings sollte es nicht allzu oft unbelohnt bleiben, wenn die Katze das Verhalten schnell mit Click und Belohnung verknüpfen soll. Vorteilhaft ist es, den Clicker stets griffbereit bei sich zu tragen. Sie können in einer solchen Situation als Ersatz auch schnalzen oder laut schmatzen (→ Seite 35), sollten ihr dann aber schnell die Belohnung geben.

„Formen" eines Verhaltens

Ihre Katze wird nur wenige der möglichen Übungen und Tricks spontan zeigen. Viele machen aus ihrer Sicht keinen Sinn wie der „Hand-Pfoten-Schlag" (→ Karte 22) oder sind zu kompliziert wie die „Hütchenspiele" (→ Karte 35). Solche Fertigkeiten lernt Ihre Katze dennoch recht schnell durch schrittweise Annäherungen, sogar das freiwillige Einsteigen in den Transportkorb. Dazu verstärken Sie wie beim Kinderspiel „Heiß-Kalt" bereits den ersten, wenn auch unscheinbaren Ansatz in die gewünschte Richtung, in diesem Fall, wenn Ihre Katze den Korb nur anschaut. Nach einigen Clicks und Belohnungen wendet sich Ihre Katze dem Korb bereits zielstrebiger zu. Wenn Sie jetzt nicht sofort schon beim Hinschauen clicken, wird Ihre Katze nach dem Versuch-und-Irrtum-Prinzip weiter ausprobieren, ob doch noch ein

Click für sie rausspringt, und ihr Verhalten etwas verändern. Wenn sie vorher saß, wird sie jetzt vielleicht aufstehen und sich zum Korb drehen. Clicken Sie für diesen Fortschritt. Geht sie weg, bekommt sie anstelle von „kalt" als Hinweis gar keinen Click. Nach ihren bisherigen Erfahrungen mit dem Korb wird sie sich ihm aber sicher bald wieder nähern und Sie können sie erneut darin bestärken. Schon wenige Clicks später zögern Sie den nächsten wieder etwas hinaus, bis die Katze einen Schritt in Richtung des Korbes macht. Auf diese Weise „formen" Sie das Verhalten Ihrer Katze letztendlich zu einem Betreten des Transportkorbs. Das im Englischen „shaping" genannte Verfahren versteht Ihre Katze schnell, wenn Sie jede Übung nur in wirklich kleinen, für sie gut nachvollziehbaren, Schritten steigern. Beim hier beschriebenen „freien Formen" helfen Sie der Katze nur mit Ihren exakten Clicks, sie findet das erfolgreiche Verhalten durch Ausprobieren heraus.
Das Formen im weiteren Sinn können Sie durch zusätzliche Hilfen erleichtern, etwa einem kurzfristigen Locken mit Futter wie beim „Mitgehen" (→ Karte 10) oder „Maunzen" (→ Karte 19). Auch hierbei verstärken Sie zunächst erste Ansätze des gewünschten Verhaltens und steigern nur langsam die Anforderungen. Den Targets (→ Karten 1+2) folgen Katzen nach entsprechendem Training konzentrierter als einem Futterstück. Sie können für viele Ziele eingesetzt werden, etwa für „Hinlegen" (→ Karte 8) oder „Slalom" (→ Karte 28).

Übungen schrittweise aufbauen

So können Sie Ihrer Katze auch Übungen beibringen, bei denen sie mehrere Kriterien gleichzeitig erfüllen muss. Soll Ihre Katze etwa „Männchen" machen (→ Karte 24), so erwarten Sie von ihr, dass sie nicht nur kurz hochhüpft. Sie soll sich schnell mit erhobenem Vorderkörper hinsetzen und die Tatzen in die Luft recken, vielleicht auch wie ein Löwe damit schlagen. Wenn Sie jedoch einmal ein schnelles, heftiges Winken verstärken würden, anschließend ein langsames, längeres Aufrichten mit herabhängenden Vorderbeinen, wäre Ihre Katze sicher verwirrt. Daher üben Sie die verschiedenen Kriterien grundsätzlich nacheinander ein, damit Ihre Katze sie verinnerlicht. Verstärken Sie jeweils eine gute Ausführung mehrere Male, bis sie „sitzt". Sie clickern und belohnen sie dazu nach einem kurzen „Steigen" zunächst für ein Aufrichten bis zum Sitzen mit erhobenem Vorderkörper und interessieren sich dabei gar nicht für ihren Pfoteneinsatz. Erst, wenn Ihre Katze sich etwa acht von zehn Mal gerade aufrichtet, konzentrieren Sie sich auf das Hochnehmen der Pfoten. Die Clicks dafür bekommt die Katze dann sofort, egal wie lange sie aufgerichtet sitzt. Im Lauf der weiteren Durchgänge kombiniert Ihre Katze die Kriterien dann zu dem bekannten Trick der großen Zirkuskatzen.

Ausdauer erhöhen

Ihre Katze lernt eine bestimmte Bewegung besonders schnell, wenn diese immer und vor allen Dingen sofort verstärkt wird, wie beim Einfangen (→ Seite 20) und dem ersten Ansatz des Formens (→ Seite 21) beschrieben. Je länger Sie an einer solchen kontinuierlichen oder „Immerverstärkung" festhalten, desto

SCHNELLE DARBIETUNG

Soll Ihre Katze eine bestimmte Übung schnell ausführen, trainieren Sie das Tempo als erstes Kriterium. Dazu clicken Sie nach den ersten Trainingserfolgen nicht mehr für langsame Reaktionen, sondern nur noch für flottere Ausführungen.

routinierter führt Ihre Katze die Übung durch. Der Lerninhalt verändert sich dann kaum noch, aus Sicht der Katze ist ihr Verhalten erfolgreich. Sowohl wichtige Verhaltensweisen als auch ihre Dauer prägen sich aber sehr gut in ihrem Gedächtnis ein, wenn Sie nicht „stur" weiterclickern, sondern das Verhalten Ihrer Katze im Laufe des Trainings mit überlegtem und gefühlvollem Clicker-Einsatz variabel verstärken, d. h. nicht immer und direkt clicken und belohnen:
Viele Verhaltensweisen soll Ihre Katze längere Zeit durchhalten, wie „Männchen" oder explizit beim „Warten" (→ Karte 9). Die Dauer üben Sie aber erst, wenn eine Übung „steht", d. h. sie klappt in etwa neun von zehn Durchgängen hervorragend. Zögern Sie dann den nächsten Click wieder ein wenig heraus. Sie haben das „richtige" Verhalten Ihrer Katze schon so oft verstärkt, dass sie es wahrscheinlich nicht gleich wieder verändert, sondern einen Moment innehält. Clicken Sie,

AUFBAU EINER TRAININGSEINHEIT

- Nach einigen Übungserfolgen beginnen Sie das Training mit 2–3 bekannten Aufgaben oder Durchgängen.
- Dann widmen Sie sich einer neuen oder „unfertigen" Übung. Unterbrechen Sie diese alle 3–5 Durchgänge eventuell mit einer einfachen, bekannten Übung, die der Auflockerung dient, etwa das „Männchen".
- Schließen Sie das Training grundsätzlich mit einem Auflösesignal ab, d. h. einem freundlichen Signalwort, z. B. „Feierabend", gefolgt von einer Gabe mehrerer Leckerli oder etwa hingehaltenen leeren Handflächen.

solange sie in der gewünschten Position bleibt. Wenn sie die Übung abbricht, bekommt sie keinen Click. In diesem Fall verstärken Sie die nächste Darbietung wieder etwas früher. Wichtig ist jedoch, die Dauer der Übungen nur langsam zu steigern; so vermeiden Sie, dass die Katze frustriert aufgibt. Bei stetig längeren Zeiträumen bis zur Verstärkung kann es vorkommen, dass Ihre Katze das Spiel durchschaut und mit dem trainierten Verhalten erst kurz vor dem Click wieder einsetzt. Besser eignen sich unregelmäßige Verzögerungen, etwa von 2 Sekunden, 3, 1, 3, 2, 4, 5, 2, 6 usw. Ihre Katze lernt nun, dass der Click nicht mehr genau vorhersehbar ist, aber sicher bald kommt, wenn sie durchhält.
Wenn Sie die Verstärkung schneller Bewegungen etwas hinauszögern, führt die Katze sie meist recht energisch mehrmals hintereinander aus. Tatsächlich belohnen Sie also nicht jede gewünschte Verhaltensweise. Durch diese Form der variablen Verstärkung (→ Seite 30) üben Sie z. B. das „Klavierspielen" (→ Karte 32).

Signale und „Kommandos"

Lange Zeit wird beim Clickertraining ohne „Kommandos" geübt. Sind Sie an diesem Punkt des Trainings angekommen, hat Ihre Katze aber schon einige Signale gelernt. Sie hat Requisiten, wie Brustgeschirr und Bürste, mit den entsprechenden Übungen verknüpft und ahnt bei deren Anblick zumindest, wie sie einen Click auslösen kann. Targets haben als eindeutige Hilfen ebenfalls Signalcharakter, Ihre Katze weiß sehr bald, wie sie darauf reagieren soll, ohne dass Sie ein Wortsignal geben. Lassen Sie im Laufe der Übung das Target schrittweise in Ihrer Hand verschwinden („fading") und ersetzen Sie es durch ein Wortsignal. Alternativ nutzen Sie weiterhin den Targetstab oder Ihren Zeigefinger, um Übungsplätze oder

Übungen anzuzeigen, wie auch beim Agility (→ Karte 29). Auch die deutlichen Gesten zum Locken können Sie später gut zu unauffälligeren Sichtzeichen verändern.

Wortsignale einführen

Viele Übungen soll Ihre Katze später auf Ihr „Kommando“ hin ausführen. Es hat aber wenig Sinn, Ihrer Katze ein Wort entgegenzuwerfen, das ihr nichts sagt, und dann einen Trick zu erwarten, den sie noch nicht kennt. Vermeiden Sie Missverständnisse und spätere „Diskussionen“ über die Ausführung, indem Sie erst möglichst fehlerfrei eingeübte Übungen an das „Kommando“ knüpfen.

Anspruchsvolle Bewegungen müssen Sie daher vor Einführung der Signale fertig formen und auch schon etwas an der Ausdauer feilen. Beim Einfangen einfacher Verhaltensweisen können Sie das gewünschte Signal dagegen schon recht früh einsetzen, etwa beim Setzen. Haben Sie ein solches Verhalten einige Male verstärkt, „schenkt“ Ihre Katze es Ihnen öfter und Sie können es gut vorhersehen. Sagen Sie das Wortsignal, wenn Sie sicher sind, dass die Katze sich gleich setzen wird, und verstärken Sie das anschließende Hinsetzen.

DAS VORSIGNAL

- Viele Katzen fühlen sich von einem „Kommando“ aus heiterem Himmel überrumpelt und sie reagieren darauf eher fahrig und unkonzentriert.
- Sie können Ihrer Katze helfen, wenn Sie ihr mit einem Vorsignal das eigentliche „Kommando“ ankündigen.
- Dazu bietet sich der Name Ihrer Katze an oder beispielsweise „und“ oder „jetzt“ unmittelbar vor jeder Aufforderung.

Dieser Trainingsschritt ist für Ihre Katze nicht leicht. Sie braucht sicher 20–30 solcher Verknüpfungen, bis sie das „Kommando" gelernt hat. Testen Sie Ihre Katze und sagen Sie „Sitz", während sie steht. Clicken Sie auch, wenn sie sich nur langsam oder unsicher hinsetzt, das Wortsignal mag sie zu Beginn etwas verwirren. Im Laufe des weiteren Trainings reagiert Ihre Katze dann wieder mit dem gewohnten Elan.

Das macht gute „Kommandos" aus

➤ Die Wortsignale sollen von der Katze gut erkannt werden und Ihnen gut auf der Zunge liegen. Achten Sie darauf, diese Worte nicht außerhalb des Trainings zu verwenden, damit sie ihre Signalwirkung behalten.

➤ Alle Signale – Wortsignale wie Sichtzeichen (Gesten) – müssen auffällig, eindeutig und gut unterscheidbar sein.

➤ Vermeiden Sie Verwechslungsmöglichkeiten, die durch ähnlich klingende Signalwörter mit unterschiedlicher Bedeutung entstehen können, z. B. „komm" und „ich komme".

➤ Betten Sie die Wortsignale nicht in längere Kommentare ein, für die Katze gehen sie dort unter. Einige ermunternde und schmeichelnde Worte zwischen den Übungen sind erlaubt, vor allem wenn Sie sonst viel mit Ihrer Katze reden.

➤ Meiden Sie einen „Kommandoton", er ist höchstens zur Abschreckung geeignet. Wenn Sie jedoch das Wortsignal wie ein freundliches Fragewort betonen, so folgt Ihre Katze dieser Aufforderung gern und schnell.

Signalkontrolle

Ihre Katze wird sich nach dem Sitz-Training nicht nur nach Ihrer Aufforderung hinsetzen, sondern selbstverständlich weiterhin ganz nach Bedarf, es handelt sich schließlich um natürliches Verhalten. Einige Verhaltensweisen können jedoch stark stören, wenn Ihre Katze sie wiederholt einsetzt, um dafür wie bisher belohnt zu werden. Damit sie beispielsweise nicht zu ungünstigen Tageszeiten maunzt (→ Karte 19), ist es sinnvoll, eine solche Aktion schnell unter Signalkontrolle zu bringen. Das bedeutet, Ihre Katze soll bevorzugt nur dann maunzen, wenn Sie sie dazu aufgefordert haben. Dazu geben Sie ihr immer wieder einmal das „Sprich-Kommando" und verstärken ihr Maunzen. Auf eine selbstständige „Ansprache" der Katze reagieren Sie entweder sofort oder gar nicht. Striktes Ignorieren reicht oft aus, um die Erfolglosigkeit zu demonstrieren.

Manche Katzen reagieren auf die ausbleibende Belohnung jedoch frustriert und äußern sich ausdauernd und energisch, vor allem, wenn Sie solches Betteln vor dem Training lange belohnt haben. Sämtliche „Erklärungen" Ihrerseits ebenso wie das Anschauen Ihrer Katze wirken in dieser Situation kontraproduktiv, da sie dies als eine – unpassende – Reaktion auf ihr Maunzen auffasst. Sie helfen ihr, diesen Zusammenhang schnell zu lernen, indem Sie in einer solchen Situation sofort und zügig den Raum verlassen, bis die Katze wieder schweigt.

Am Anfang dieses Trainingsschrittes fordern Sie die Katze wenige Male direkt nach Ihrer Rückkehr ins Zimmer erneut und freundlich zum Maunzen auf, um ihr zuvorzukommen. Schon bald zögern Sie das Signal aber hinaus, damit sie nicht Ihr Betreten des Raumes als Startsignal für ein „Gespräch" auffasst.

Verhalten generalisieren

Katzen lernen sehr gerne Signale, um frühzeitig darauf reagieren zu können. Auch beim Clickertraining sucht Ihre Katze ständig Hinweise auf kommende Ereignisse oder Übungen. Das sind einerseits Ihre bewusst eingesetzten Gesten, Wortsignale, Requisiten und Targets. Andere Signale sind die sogenannten Kontextreize, z. B. die Trainingsumgebung, wie Trainingsort und bestimmte Möbel, Tageszeit oder -ablauf, Ihre Körperhaltung und Gestik. Auch diese Signale oder Reize prägen sich der Katze umso besser ein, je häufiger sie beim Training vorhanden waren. Bei den jeweils ersten Übungen ist es sinnvoll, möglichst viele dieser Bedingungen beizubehalten, denn sie unterstützen die Erinnerung Ihrer Katze an das gewünschte Verhalten. Um die fertige Übung später aber auch in einem anderen Zimmer, zu einer anderen Uhrzeit und mit anderer Körperhaltung abrufen zu können, müssen Sie das Verhalten generalisieren. Das bedeutet, dass Ihre Wortsignale und evtl. Sichtzeichen ausreichen sollen, um es immer und überall auszulösen. Verändern Sie dazu die Kontextreize nicht alle auf einmal, sondern nur einen nach dem anderen. Rufen Sie eine Übung einmal unter den gleichen Bedingungen ab wie bisher. Verändern Sie beim anschließenden Durchgang einen der Kontextreize und nach jeweils einigen Wiederholungen einen weiteren.
Haben Sie etwa das „Hochspringen" (→ Karte 25) mit Ihrer Katze bisher immer abends auf das Sofa geübt, während Sie leicht vorgebeugt links neben ihr standen, soll sie am Abend

nach dem ersten Sprung auf das Sofa nun auf den daneben stehenden Stuhl springen. Anschließend stellen Sie sich dabei rechts vorgebeugt neben die Katze, dann richten Sie sich auf. Üben Sie den Sprung auf das Sofa auch nachmittags oder morgens und halten Sie dabei die ursprünglichen Bedingungen möglichst konstant. Das Generalisieren dauert oft länger als das Training der Grundübung, weil die Katze lernen muss, viele der Kriterien zu ignorieren, die sie mit in die Lerninhalte aufgenommen hatte. Und da vor allem Ort und Zeit für Katzen wichtig sind, prägen diese sich sehr gut ein.

Wie wird man den Clicker wieder los?

Der Clicker ist eine Trainingshilfe, die abgesehen von wenigen Aufgaben (→ Kasten Seite 31) später nicht mehr notwendig ist. Bis jetzt haben Sie jede gewünschte Verhaltensweise Ihrer Katze verstärkt. Würden Sie sie nun gar nicht mehr belohnen, vergäße sie das Gelernte schnell wieder. Sie können die Clicks und Leckerlis aber langsam „ausschleichen", d.h. immer seltener geben. Lassen Sie dazu bei einer guten Ausführung die Verstärkung einmal ausfallen. Loben Sie Ihre Katze stattdessen freundlich und streicheln Sie sie. Die fehlende Verstärkung können Sie auch mit einem Signal für eine weitere Übung übergehen, die sich dann wieder für sie auszahlt. Die eingestreuten, unbelohnten Übungen führen dazu, dass Ihre Katze sie besser behält. Sie wird für ihr Verhalten noch so oft belohnt, dass sie immer damit rechnen muss, nach einer „Gratis-Übung" wieder ein Leckerli zu bekommen. Es ist jedoch wichtig, die Katze nicht regelmäßig zu belohnen, etwa nur noch für jeden zweiten Durchgang. Katzen sind clever genug, ein solches Schema zu durchschauen, mitzuzählen und nur noch bei einer bevorstehenden Belohnung zu reagieren. Dieses Problem können Sie durch eine variable

Verstärkung verhindern: Von jeweils z. B. fünf Durchgängen lassen Sie Click und Leckerli nach dem dritten weg, dann dem fünften und schließlich dem vierten. Nach einigen Runden mit diesem Schema „vergessen“ Sie die Verstärkung bei je vier Durchgängen nach dem zweiten, vierten und dritten Durchgang, dann noch öfter. Dadurch werden die Übungen für Ihre Katze zum Glücksspiel und sie bleibt „am Ball“. Ziel ist es, den Clicker immer seltener einzusetzen, bis Sie ihn für diese Übung ganz beiseitelegen. Besonders gute Leistungen, etwa trotz großer Ablenkung auf ihrem Platz zu warten, sollten Sie auch später noch mit einer Verstärkung honorieren

Nie mehr Leckerchen?

Sie können nur bei solchen Übungen später völlig auf eine Futtergabe verzichten, die selbstbelohnenden Charakter haben, z. B. die Katzenklappenbenutzung, oder bei denen sie durch andere Belohnungen ersetzt werden, wie beim Körperkontakt. Ansonsten hat Ihre Katze sicher oft eine Belohnung verdient, z. B. für ihr Kommen auf Zuruf, oder sie sollte gelegentlich noch ein Leckerli bekommen. Ein Lob für ihre Folgsamkeit und die eine oder andere Streicheleinheit ist natürlich fast immer angebracht.

WEITERHIN CLICKERN

- Target-Berührungen werden in der Regel immer mit einem Click beendet.
- Beim medizinischen Training ist der weitere Clicker-Einsatz wegen seiner positiven Wirkung ebenfalls sinnvoll.
- Übungen wie Hütchen- und Kartenspiele klappen ausschließlich dann, wenn Sie jede richtige Wahl Ihrer Katze verstärken, andernfalls kann sie die jeweilige Aufgabe nicht begreifen.

Die häufigsten Fragen

Das Clickertraining wird zu einem großen Teil von den Ideen der Katzen bereichert, deren Reaktionen uns immer wieder überraschen. So stehen wir trotz umfangreichem Hintergrundwissen gelegentlich ratlos vor unserem kätzischen Mitspieler. Auf den folgenden Seiten finden Sie Antworten auf die häufigsten Fragen, die beim Training auftauchen.

1. Was muss ich bei den ersten Übungen mit dem Clicker beachten?

Da Ihre Katze freiwillig mitspielen soll und damit sie sich auf die Aufgaben konzentrieren kann, gestalten Sie die Trainingsbedingungen vor allem bei den ersten Übungen optimal. Wählen Sie eine Zeit, in der keine Ablenkungen zu erwarten sind, Ihre Katze aufmerksam und spielmotiviert ist sowie Sie selbst ausgeglichen und entspannt sind. Diese Tageszeit wird Ihre Katze schnell zur „Clickerzeit" erklären und das Training dann auch einfordern. Um massive Forderungen oder Enttäuschungen der Katze zu vermeiden, üben Sie am besten nicht immer um genau dieselbe Uhrzeit, sondern innerhalb eines gewissen Zeitraums. Versuchen Sie nicht direkt zu Anfang Problemverhalten zu korrigieren, beginnen Sie mit einer einfachen ersten Übung, z. B. „Nasentarget" (→ Karte 1) oder „Winken" (→ Karte 23).
Einige Vorübungen mit einem menschlichen Partner sind hilfreich, vor allem, um Ihr Timing zu üben.
Gestalten Sie die Übungen kurz, planen Sie für den Anfang nur 2–5 Minuten ein und hören Sie auf, wenn es am schönsten ist, d. h. solange Ihre Katze noch gern mitspielt. Halten Sie die Übungen immer einfach, wiederholen Sie jeden Schritt häufig, bevor Sie die Anforderungen weiter steigern.

2. Ist es gleichgültig, wo ich das Clickertraining durchführe?

Die Trainingsumgebung beeinflusst das Verhalten Ihrer Katze in verschiedener Hinsicht. Sie sollte möglichst eintönig und langweilig sein, damit sich die Katze der Aufgabe

widmet. Man beginnt neue Übungen daher nicht im Garten, sondern immer in einem ruhigen Zimmer. Ablenkungen aller Art kommen erst dann ins Spiel, wenn Ihre Katze die Übung sicher ausführt.
Je häufiger Sie an einem bestimmten Ort clickern, in einem Zimmer oder auch einer Zimmerecke, desto lieber hält Ihre Katze sich dort auf. Bei einer unsicheren Katze ist das vorteilhaft. Da sie sich an diesem Platz nach dem Training nicht so schnell, beispielsweise von Besuchern oder Artgenossen, einschüchtern lässt, wird sie hier am ehesten bereit sein, ihnen zu begegnen (→ Karte 18). Eine selbstsichere Katze vertreibt nach dem Training unter Umständen eine andere Katze aus ihrer „Clickerzone". Mit ihr trainieren Sie bevorzugt an einem Ort, den sie schon jetzt häufig besetzt, z. B. den Kratzbaum.

3. Kann ich auch mehrere Übungen gleichzeitig trainieren?

Prinzipiell ja. Sie beginnen natürlich mit nur einer Aufgabe, die recht einfach sein sollte, beispielsweise dem Targettraining oder Sitzen. Diese lernt Ihre Katze relativ schnell, sodass Sie nach 3–5 Trainingseinheiten mit einer weiteren Aufgabe beginnen können. So bekommen Sie und Ihre Katze ein immer größeres Repertoire an Übungen und Tricks; die

ÜBUNGEN KOMBINIEREN

Trainieren Sie mehrere Übungen parallel, sollten sich deren Signale deutlich unterscheiden. Gleichzeitiges Training von „High Five" und „Männchen" verwirrt Ihre Katze, beides kann aber problemlos zeitgleich mit einem Target eingeübt werden.

bereits bekannten können Sie auch in eine neue Übung einbetten. Das Abrufen solcher Routineaufgaben gibt Ihrer Katze zusätzlich Sicherheit.

4. Gibt es Alternativen zur Verwendung des Clickers?

Manche Trainer benutzen statt Clicker auch ein kurzes, prägnantes Markerwort, das außerhalb des Trainings nie auftaucht, beispielsweise „Bingo" oder „Tack". In belebten Alltagssituationen stößt man mit dieser Form der Verstärkung an Grenzen, im ruhigen Haushalt funktioniert es aber gut. Wenn Ihre Katze eine gewünschte Verhaltensweise zeigt, Sie den Clicker aber nicht zur Hand haben, können Sie auch einmal laut schmatzen oder noch besser mit der Zunge schnalzen (→ Seite 21). Diese Geräusche sind zwar selten immer gleich, aber auffällig. Taube Katzen konditionieren Sie auf das kurz aufleuchtende Licht einer Taschenlampe, das sehr gut einen Clicker ersetzen kann. Achten Sie darauf, dass der Lichtkegel immer direkt vor der Katze in ihrem Blickfeld erscheint, damit sie das Signal erkennt. Verwenden Sie keinen Laserpointer, er wird zwar von vielen Katzen zum Spielen genutzt, kann aber ihr Augenlicht gefährden.

5. Kann ich das Clickertraining auch mit einer scheuen Katze durchführen?

Dies geht nach einigen geduldigen Vorübungen erstaunlich gut. Auch mit Wildtieren in Zoos wird schließlich geclickert. Nähern Sie sich der Katze so weit, dass sie keine Zeichen von Angst zeigt. Mit etwas Geduld, Zurückhaltung, gutem Futter – und ohne bedrohliche Annäherung, Anstarren und

„Zähne fletschendem“ Lächeln – können Sie sich sicher bald in ihrer Nähe und auf ihrer Höhe aufhalten. Strecken Sie der Katze Ihre Hand mit einem Futterstück einige Zentimeter weit entgegen. Bleibt sie ruhig oder nähert sie sich, clicken Sie und lassen zur klassischen Konditionierung (→ Seite 18) das Futter vorsichtig in ihre Richtung kullern. Wenn sie bei dem Geräusch erschreckt, nehmen Sie den Clicker in die Faust und wickeln ein Tuch um Ihre Hand. Nach 10–15 Clicks und Leckerlis können Sie diese Schalldämpfung wieder entfernen und auf das Locken mit Futter verzichten. Bedenken Sie auch, dass ängstliche Katzen bei einer Wurfbewegung mit der ganzen Hand oft fliehen. Schnipsen Sie ihr das Futter lieber mit einem Finger zu oder nehmen Sie ein zusammengerolltes Stück Papier als „Futterrutsche“ zu Hilfe. Weicht sie zurück, halten Sie etwas mehr Abstand zu ihr. Im Idealfall kommt die Katze jedoch zum Fressen einige Zentimeter näher. Clicken Sie, bevor sie sich nach dem Schlucken wieder zurückzieht und füttern Sie schnell. Schnipsen oder kullern Sie das Futter gelegentlich auch wieder in eine etwas größere Entfernung, Sie geben Ihrer Katze dadurch die Gelegenheit, sich Ihnen wieder zu nähern. Beginnen Sie mit einfachen Tricks, bei denen Sie sich nicht viel bewegen und keinen bedrohlichen Eindruck machen, beispielsweise Sitzen, Strecken oder Kreativitätsübungen (→ Karte 4).

6. Wie erreiche ich, dass sich meine Katze zum Einzeltraining mit mir in einem Zimmer einsperren lässt?

Das schaffen Sie nach einer langsamen Gewöhnung an die ungewohnte Situation. Wenn sich Ihre Katze alleine in einem Zimmer aufhält, gehen Sie hinein, schließen die Tür aber nur ein wenig mehr als gewöhnlich, füttern sie mit einigen Leckerlis und gehen wieder. Bei den nächsten Übungen lehnen Sie die Tür immer mehr an, während Sie im Zimmer sind. Achten Sie darauf, sie wieder zu öffnen, bevor Ihre Katze unruhig wird. Geben Sie ihr auch einzelne Leckerlis langsam, gerne zusammen mit ihr bekannten, einschmeichelnden Worten, um die Dauer des gemeinsamen Aufenthaltes in die Länge zu ziehen. Wenn Sie die Tür ganz schließen können, beginnen Sie am nächsten Tag mit einer kurzen ersten Konditionierung des Clickers. Wenn Ihre Katze doch lieber hinaus möchte, öffnen Sie ihr die Tür sofort und beenden das Training an den nächsten Tagen etwas früher.

7. Wie kann ich meiner Katze beibringen, dass sie die Leckerlis nicht aus meiner Hand schlägt?

In einem solchen Fall können Sie auf verschiedene Arten ansetzen. Probieren Sie aus, welche für Sie und Ihre Katze geeignet ist. Ursache ist meist die sehr hohe Motivation dieser Katzen, die Futterlieferungen sind ihnen schlichtweg zu langsam. Bei vielen reicht es, ihnen eine Zeit lang die Leckerlis nach dem Click sehr schnell genau vor die Vorderpfoten zu legen – zu schnell für einen Pfotenschlag. Anderen Katzen nehmen Sie den Wind aus den Segeln, wenn Sie ihnen das Leckerli auf Ihrer Handfläche vorhalten. Eine Katze, die es nicht kennt, aus der Hand zu fressen, kann allerdings verwirrt reagieren. Das ultimative „Geduldspiel" ist das Clickern für ihren Rückzug. Legen Sie ein Leckerli vor Ihre Katze und halten Sie direkt Ihre Hand darüber, sodass sie es nicht ergattert. Eventuell ist ein dicker Handschuh günstig, falls Ihre Katze sehr massiv kratzt. Sie wird mit der Nase stupsen und vielleicht auch danach krallen. Warten Sie ab, bis sie sich nur einen Zentimeter zurückzieht. In diesem Moment clicken Sie und nehmen sofort Ihre Hand vom Leckerli. Wiederholen Sie diese Übung, bis Ihre Katze beim Hinlegen des Futters gelassen bleibt.

8. Meine Katze frisst keine Leckerlis und auch kein Trockenfutter. Womit kann ich sie alternativ belohnen?

Als Belohnung ist generell auch Dosenfutter, biologisch artgerechtes Rohfutter (BARF), Thunfisch oder gegartes Fleisch geeignet. Nur für die Darreichung braucht es einige Überlegungen zur Hygiene: Nehmen Sie ein Schälchen mit einer Futterration in die Hand und geben Sie Ihrer Katze jeweils einen Teelöffel davon entweder auf ein abwaschbares Platzdeckchen oder in einen leeren Napf auf dem Boden. Halten Sie nicht den bekannten Napf in der Hand, Ihre Katze reagiert frustriert, wenn sie diesen nicht bekommt. Katzen-Leberwurst können Sie direkt aus der Tube füttern, am besten legen Sie vorher eine bestimmte Anzahl Schleckbewegungen fest. Damit Futter überhaupt als Belohnung wirkt, ist es bei manchen Katzen sinnvoll, sie vorher etwa 2–4 Stunden fasten zu lassen. Gierige Katzen werden vorher dagegen besser mit etwa einer halben Ration gefüttert, um zu viel Aufregung zu vermeiden, die sich negativ auf die Konzentration der Katze auswirkt. Wenn Ihre Katze sich nicht mit Futter begeistern lässt, ist sie aber wahrscheinlich Zuwendungen wie Streicheln oder einem kurzen Spiel, beispielsweise mit der Katzenangel, sehr zugetan. Mit solchen Belohnungen ist das Training etwas langwieriger, aber trotzdem möglich. Legen Sie für eine Belohnung eine ungefähre Streichel- oder Spieldauer fest.

9. Meine Katze sitzt nur vor mir und schaut mich an. Wie soll ich ihr unter diesen Umständen etwas beibringen?

Ihre Katze erwartet von Ihnen eine Aktion. Vielleicht haben Sie zu lange klassisch konditioniert und dabei ihr Nichtstun verstärkt, also Sitzen und Warten trainiert. Schauen Sie ihr nicht in die Augen, bewegen Sie sich lieber und reizen Sie Ihre Katze damit zu einer Bewegung. Halten Sie einen Targetstab in ihren Weg und schon haben Sie eine Gelegenheit für einen Click. Eine Kreativitätsübung (→ Karte 4) zu einer anderen Tageszeit aktiviert sie ebenfalls. Vor allem lernt sie dadurch, dass sie die Clicks auslösen kann.

UNTERSCHIEDLICHE BELOHNUNGEN

- Die beste Belohnung ist die, über die Ihre Katze sich am meisten freut. Dies ist situationsabhängig neben Futter z. B. auch Spielen, Schmusen oder das Öffnen einer Türe. Gelegentliche Wechsel zwischen verschiedenen Belohnungen wirken oft unbefriedigend, wenn die Katze es nicht von vornherein so gelernt hat.

- Alternativ können Sie einen weiteren Marker für eine Schmuseeinheit und einen für ein Spiel konditionieren und sie einsetzen, wenn Ihre Katze entsprechend motiviert ist. Dann können Sie etwa das Rollen, das Katzen häufig als Spielaufforderung zeigen, mit dem „Spiel-Marker“, z. B. „Spaß“, und Spiel verstärken, während Sie auf Hinlegen auf Ihren Beinen mit dem „Schmuse-Marker“, z. B. „Kuscheln“, und Streicheleinheit reagieren.

10. Darf meine Katze außerhalb des Trainings keine Leckerchen mehr bekommen?

Natürlich darf sie. Denken Sie nur daran, dass jede Belohnung nur dann als Belohnung wirkt, wenn sie selten ist. Ihre Katze sollte also während des Trainings zumindest Appetit auf die Leckerlis haben.

11. Warum reagiert meine Katze nach dem Click nicht auf die Belohnung?

Wenn Ihre Katze in einer ruhigen Umgebung nicht auf den Click reagiert, ist meist die klassische Konditionierung unzureichend ausgefallen, Ihre Katze hat die beiden Reize nicht miteinander verknüpft. Achten Sie auf das richtige Timing: erst Click, dann sofort Futter (→ Seite 18). Vielleicht ist sie auch satt oder mag die angebotenen Leckerlis nicht. Achten Sie auch auf mögliche Bedrohungen. Katzen fressen generell nicht, wenn sie große Angst haben. Ihr Körper stellt sich dann auf Flucht oder Kampf ein, die Nahrungsaufnahme wird zum eigenen Schutz unterdrückt. Halten Sie beim Training mit einem angstauslösenden Reiz, etwa dem Staubsauger oder einem Besucher, einen so großen Abstand zu diesem, dass sie noch frisst; dann ist Ihre Katze auch lernfähig. Aber drängen Sie ihr die Belohnung nicht auf.

12. Kann ich mit dem Clickertraining Verhaltensprobleme lösen?

Durch das Clickertraining lernen Katzen, neue und natürliche Verhaltensweisen gezielt oder auf „Kommando“ zu zeigen. Sie können Ihrer Katze daher ein störendes Verhalten nicht direkt mit dem Clicker abgewöhnen. Sehr wirksam ist aber das Training eines Alternativverhaltens, das sie stattdessen zeigt, um sich z. B. am Tisch manierlich zu verhalten (→ Karte 15). Auch Angst und Aggression können Sie mit dem Clicker in andere Bahnen lenken, indem Sie Ihre Katze in solchen Situationen für die Ausführung einfacher Aufgaben belohnen, etwa beim Umgang mit bedrohlich wirkenden Besuchern oder Hunden (→ Karte 18).

Beim häufigsten Problem, der Unsauberkeit, ist eine genaue Analyse sinnvoll, um die Ursache zu klären und die richtige Therapie zu finden. Da Katzen im Laufe des Clickertrainings zunehmend sicherer werden, kann es aber sogar auch Harnmarkieren positiv beeinflussen. Unterstützt durch weitere geeignete Maßnahmen bestehen gute Chancen, dass sie Ihre Einrichtung in Zukunft verschont.

13. Wie alt kann und soll eine „Clicker-Katze" sein?

Schon junge Katzen ab etwa vier Monaten lernen begeistert mit Hilfe des Clickers – inklusive Zusammenarbeit und geduldigen Umgang mit Menschen. Auch „Oldies" lieben ihre täglichen Erfolgserlebnisse, allerdings müssen Sie die Übungen an ihr Alter und ihre körperlichen Fähigkeiten anpassen.

Auf dieser Doppelseite sehen Sie eine Auflistung aller Übungen und Tricks, die auf den Karten zu finden sind.

Clicker-Basics:

1 Nasentarget
2 Pfotentarget – Platz aufsuchen
3 Auf den Namen hören – Kommen
4 Kreativität üben
5 Entspannen
6 Körperkontakt tolerieren
7 Hochnehmen

Erziehungsübungen:

8 Sitzen – Hinlegen
9 Warten
10 Mitgehen – Vorausgehen
11 Transportkorb-Training
12 Katzenklappen-Training
13 Geschirr- und Leinen-Training

14 Kratzbaum benutzen – Klingel benutzen
15 Tischmanieren
16 Fellpflege – Fremdkörper aus dem Fell entfernen
17 Medizinisches Training
18 Besucher tolerieren – Hund akzeptieren

Tricks:

19 Maunzen
20 Putzen – Nasenkuss
21 Strecken – Rollen
22 High Five – Doppelpfotenschlag
23 Pfötchen geben – Winken
24 Männchen – Spin
25 Hochspringen – Schultersprung
26 Überspringen – Sprung durch den Reifen
27 Balancieren – Wippen
28 Slalom
29 Agility
30 Apportieren
31 Lichtschalter betätigen
32 Klavier spielen
33 „Autofahren“
34 Seil- und Angeltricks – Schublade aufziehen
35 Hütchenspiel
36 „Memory“

Register

Die Zahlen verweisen auf Seitenzahlen im Begleitbuch, **halbfett** gesetzte Seitenzahlen auf Abbildungen. U = Umschlagseite

A

Ablenkung 33
Agility 26
Anforderungen erhöhen 12
Angst 8, 18, 34, 35, 40
Apportieren 7
Auflösesignal 24

B

BARF 38
Belohnung U3, 8, 12, 31, 33, 38
– aus der Ferne 7
Beobachtung 10, 21
Beschwichtigung 16
Betteln 6, 20
Beziehungspflege 4, 9
Blickkontakt 15, 28, 35

C

Capturing 20
Clicker U2, **U2**, 5, 12
– als Marker 6
– Alternative 35
–, Geräusch dämpfen 36
–, Definition 5
–, Einsatzgebiete 6
– Einstieg 44
– Ersatz 21
–, Geschichte 6
– halten 10
– loswerden 30
– Regeln 11
–, Timing 8, 10, 13, 18, 21, 40
–, Vorübungen 14, 33
–, Vorzüge 6

D

Dopamin 8
Dressur 5

E

Einsperren 16, 36

F

„Fading“ 25
Farbcode 3
„Feierabend“ 24
Futter 8

G

Glückshormon 8
Gruppentraining 16

H

Handsignale 20
Helfer 17, 33
Heranrufen 15

I

Immerverstärkung 23

K

Kommen auf Zuruf 15
Konditionierung 18
Konzentrationsvermögen 12
Kommandos 5, 26, 40
Körpersprache 15, 35

L

Leckerli 7, 8, 10, 12, 40
–, Alternative 38, 39
– aufbewahren **U3**, 14, 19
– aus der Hand schlagen 37
– Größe 13

–, Verzicht 31
Lob 8
– verbales 9
Locken 7, 26

M

Maunzen 28

N

Nasentarget U2, **U2**
Neugier 9

P

Pfotentarget U2, **U2**
Platz, eigener U3, **U3**
Positionen halten 12, 13, 17
Problemverhalten 9, 11, 15, 18

S

Schutzkleidung 37
Shaping 22
Sichtzeichen 26
Signal 15, 20, 25
– ankündigen 27
– durch Kontextreize 29
– kontrolle 28
– lernen 18
– testen 19
– zum Auflösen 24
Sitz 13, 26
Sitzplatz U3, **U3**, 17
Spielprinzip 6
Spielzeug U3, **U3**
„Sprich"-Kommando 28
Stimme, Wirkung der 9, 27
Strafe 11
Stop-Action-Prinzip 13
Streicheln 31
Stress 8, 9

T

Training
–, medizinisches 6, 8
– mit mehreren Katzen 16
–, Einheiten 24, 34
–, Regeln
–, Zubehör U2, **U2**, U3, **U3**
Timing 8, 10, 13, 18, 21, 40
Tierarztbesuch 8
Target U2, **U2**
– ersetzen 25
– stab 10, 14, 39,
– training 12, 13, 25

U

Übung
– beenden 13
–, Dauer der 12
Unsicherheit 34
Unsauberkeit 41

V

Verhaltensprobleme 15, 18, 33, 40
Verstärkung 5
Versuch-und-Irrtum-Lernen 21
Vertrauen 9
Verweildauer 13, 24, 25
Verhalten
– auslösen 20
– durchhalten 24, 25
– einfangen 7, 20, 26
– formen 8, 21, 22, 26
– generalisieren 29
– spontan zeigen 21, 37
–, unerwünschtes 6, 9, 11, 15, 18, 33, 40
– verstärken 7, 26, 30, 31, 35

W

Wortlob 9
Wortsignale 26, 20, 25, 27

Z

Zwang 5, 12

TRAININGSTAGEBUCH

Im Lauf der Zeit nehmen Sie immer mehr Übungen ins Training auf. Damit Sie nicht den Überblick über den jeweiligen Ausbildungsstand verlieren, erstellen Sie einen Trainingsplan, bei mehreren Katzen für jede einen. In die Spalte „Ausführung“ tragen Sie jeweils die Anzahl der Durchgänge in einer bestimmten Qualität ein.

Datum	Übung	Trainings-schritt	Ausführung			
			keine	schlecht	gut	sehr gut

Die Autorin
Birgit Rödder ist mit Katzen aufgewachsen und studierte Biologie mit Schwerpunkt Ethologie. Die Tierpsychologin beschäftigt sich v. a. mit Katzen und verfasste bereits mehrere Artikel und Publikationen. Mehr über sie und ihre Arbeit erfahren Sie unter www.catility.de.

Bildnachweis und Impressum

Der Fotograf: Oliver Giel hat sich zusammen mit Eva Scherer auf die Bildproduktion von Tier- und Naturthemen spezialisiert. Ihre Arbeiten kommen neben Büchern auch in Zeitschriften, Kalendern und der Werbung zum Einsatz. Ein umfangreiches Bildarchiv und weitere Infos gibt es unter: www.tierfotograf.com

Alle Fotos zu dieser Box stammen von **Oliver Giel** mit Ausnahme von: **Juniors:** Karte 21 Vorderseite.

Wichtiger Hinweis:
Die Daten und Fakten dieses Buches wurden mit äußerster Sorgfalt recherchiert und geprüft. Dennoch kann eine Garantie nicht übernommen werden. Eine Haftung des Verlages für Personen-, Sach- und Vermögensschäden ist ausgeschlossen.

Projektleitung: Maria Hellstern
Lektorat: Christa Klus-Neufanger
Bildredaktion: Adriane Andreas, Petra Ender (Cover)
Layout: H. Bornemann Design
Umschlaggestaltung: independent Medien-Design, Horst Moser, München
Satz: Uhl + Massopust, Aalen
Herstellung: Martina Koralewska
Repro: Longo AG, Bozen

Printed in China

ISBN 978-3-8338-3592-6

5. Auflage 2015

GRÄFE UND UNZER

Ein Unternehmen der
GANSKE VERLAGSGRUPPE

28 Slalom

➤ **Ziel:** Ihre Katze geht im Slalom um Pylone oder Pfosten.

➤ **Anfänge:** Stellen Sie zwei volle Plastikflaschen im Abstand von etwa 30 bis 50 cm auf. Führen Sie Ihre Katze mit einem Targetstab etwas schräg zwischen ihnen durch und clicken Sie, während sie sich gerade dazwischen befindet. Wenn sie beim Click stoppt, geben Sie ihr das Futter an ihrem aktuellen Standort. Wenn ihr Kopf aber schon hinter dem zweiten Pfosten auftaucht, füttern Sie sie auf der Startseite an einem Zielpunkt, sodass sie zur Belohnung um den Pfosten herumgehen muss. Starten Sie nun so mit Ihrer Katze, dass sie auch den ersten Pfosten umrunden muss und stellen Sie nach und nach weitere Pfosten vor die anderen. Clicken Sie jeweils, wenn Ihre Katze den letzten Pfosten passiert und geben Sie ihr das Leckerli am Ziel. Umrundet sie zügig drei Pfosten, führen Sie ein Signalwort ein.

➤ **So geht's weiter:** Geben Sie Ihrer Katze beim Start mit dem Target die Richtung vor und während des Slaloms nur noch Hilfestellung, falls sie abbrechen möchte.

1

Dynamischer Slalom

2

➤ **Ziel:** Ihre Katze läuft im Slalom um ihre Beine herum, während Sie langsam vorwärts gehen.

➤ **Anfänge:** Die Übung beginnt, indem Sie immer mit demselben Fuß vorwärts gehen, die Katze ist stets an derselben Seite neben Ihnen. Locken Sie Ihre Katze also z. B. an Ihre linke Seite und stellen Sie Ihren rechten Fuß nach einem großen Schritt ab. Bleiben Sie stehen. Zeigen Sie Ihrer Katze den Targetstab durch die Beinlücke auf Ihrer rechten Seite und clicken Sie, während sie zwischen Ihren Beinen hindurchgeht. Belohnen Sie sie neben Ihrem rechten Fuß. Setzen Sie nun Ihren linken Fuß mit einem großen Schritt nach vorne und führen Sie Ihre Katze auf Ihre linke Seite. Clicken Sie jeweils, wenn sich Ihre Katze zwischen Ihren Beinen befindet und geben Sie ihr das Leckerli erst neben, dann vor Ihrem Fuß. Dadurch steht sie nach dem Fressen immer in Gehrichtung. Bei mehreren Schritten übt es sich leichter mit zwei gleichen Targetstäben, die Sie in je einer Hand halten. Achten Sie darauf, nur das jeweils aktive Target in ihr Sichtfeld zu bringen. Geht sie zügig zwischen Ihren Beinen hindurch, so verstärken Sie erst nach dem zweiten Schritt. Ab dem dritten Schritt führen Sie ein Signalwort ein.

➤ **So geht's weiter:** Nehmen Sie den Einsatz der Targets immer weiter zurück, bis Sie nur noch den Beginn des Slaloms anzeigen.

Ratgeber, S. 11, 22

33 | „Autofahren“

➤ **Ziel:** Ihre Katze lässt sich auf einem Gefährt, beispielsweise einem Skateboard, oder in einem Spielzeuganhänger oder Puppenwagen herumfahren.

➤ **Anfänge:** Bringen Sie z. B. ein Skateboard ins Zimmer und blockieren Sie die Räder, damit Ihre Katze sich das Gefährt anschauen und es gefahrlos erkunden kann. Gegebenenfalls legen Sie eine Zeitung oder ein Tuch auf das Board und locken sie mit Leckerli oder Target darauf. Verstärken Sie ihren ruhigen Aufenthalt dort gründlich, bevor Sie das Board vorsichtig und minimal bewegen. Erst wackeln Sie nur sehr kurz und leicht, dann schrittweise etwas stärker am Fahrzeug. Zu Beginn können Sie Ihre Katze auf dem Skateboard auch einige Male schnell hintereinander füttern. Clicks bekommt Ihre Katze nur während der Bewegung, aber unbedingt solange

1

sie sitzt. Verlängern Sie dann langsam die Pausen bis zum nächsten Click. Entfernen Sie die Bremsen und rollen Sie das Fahrzeug einen Zentimeter vorwärts. Clicken Sie wieder während der Bewegung. Formen Sie nun schrittweise weitere Strecken. Ändern Sie beim Fahren gelegentlich auch die Richtung und führen Sie ein Signal zum Aufsteigen und Sitzen (→ Karte 8) ein.

„Autofahren“

Variante: Wagen schieben
Wenn Ihre Katze ein Fahrzeug mit den Vorderpfoten vor sich her schieben soll, beginnen Sie wie beim Mitfahren, in dem Sie die Räder blockieren und jede Annäherung der Katze verstärken. Um sie mit den Vorderpfoten auf das Fahrzeug zu locken, können Sie vorübergehend auch ein Target einsetzen. Verstärken Sie diese Phase gründlich, bevor Sie den Wagen leicht bewegen. Auch hier clicken Sie während der Bewegung und solange Ihre Katze mitspielt und ihre Pfoten auf dem Fahrzeug behält. Wenn sie ein Schaukeln toleriert, schieben Sie das Fahrzeug zentimeterweise vorwärts, sodass sie sich leicht nach vorne lehnt. Erweitern Sie diese Bewegung langsam, bis Ihre Katze mit den Hinterpfoten einen oder zwei Schritte vorwärts machen muss, um zu folgen. Geht sie zügig auf den Hinterpfoten hinter dem von Ihnen geschobenen Wagen her, clicken Sie und reichen ihr das Leckerli aus der Hand ein wenig vor ihrem Maul. Formen Sie das Gehen am Wagen mit Hilfe des Nasentarget zu einem Schieben und führen Sie ein Signalwort ein.

2

Ratgeber, S. 23, 26/27

34 | Seil- und Angeltricks

➤ **Ziel:** Ihre Katze zieht einen versteckten Gegenstand oder Futter an einem Seil oder Tuch hervor.

➤ **Hintergrund:** Katzen lösen diesen Intelligenztest recht schnell, da sie ihre Pfoten auch bei der Jagd gezielt einsetzen und Beute aus Verstecken angeln.

➤ **Anfänge:** Legen Sie einen schmalen Stoffstreifen auf den Boden und auf ein Ende ein Leckerli, das Ihre Katze fressen darf. Stülpen Sie nun ein großes Küchensieb darüber, sodass sich das Futter etwa in der Mitte unter dem Sieb befindet und das Stoffende darunter hervorragt. Achten Sie darauf, dass der Rand der Abdeckung etwas erhöht steht, z.B. auf zwei liegenden Hölzern oder Kerzen, damit das Futter darunter durchpasst. Droht Ihre Katze aufzugeben, clicken Sie vorerst schon bei Angelbewegungen der Pfote und ziehen Sie das Futter zu ihr.

➤ **So geht's weiter:** Nehmen Sie einen längeren Stoffstreifen und schieben Sie ein Ende mit Futter oder einem Spielzeug unter ein niedriges Möbelstück. Etwas schwieriger werden die Übungen, wenn Sie einen Papierstreifen verwenden.

1

Schublade aufziehen

➤ **Ziel:** Ihre Katze zieht eine Schublade auf. Sie kann später ein Spielzeug hervorangeln. Üben Sie mit einem bodennahen, leichtgängigen Schubfach. Einen Griff oder ein Seil kann sie mit den Pfoten fassen, mit den Zähnen daran zu ziehen, ist schwerer zu lernen.

2

Variante: Pfotenarbeit
Wenn die Schublade keinen geeigneten Griff für die Katze hat, binden Sie ein kurzes Seil mit Knoten daran. Verstärken Sie jedes Angeln Ihrer Katze nach dem Seil oder Griff. Formen Sie daraus ein Festkrallen und Ziehen. Wenn die Katze sich später aus der Schublade bedienen soll, legen Sie die Belohnung auf den Rand, sobald die Katze die Lade ein kleines Stück öffnet, und später hinein. Ein seitliches Ziehen ist meist ineffektiv. Sie können es verhindern, indem Sie mit einigen Gegenständen eine Schneise bilden, in der Ihre Katze nur quer zur Schublade stehen und ziehen kann.

Variante: Mundarbeit
Zieht Ihre Katze mit den Zähnen an einem Seil, ist diese Aufgabe recht leicht zu üben. Sie können ein loses Seilende auch mit Futter einreiben, dies verführt zum Zufassen. Verstärken Sie das Greifen und formen Sie es zu einem Ziehen. Wenn die Katze am hingehaltenen Seil zerrt, befestigen Sie es an einem leichtgängigen Schubfach. Zu Beginn halten Sie ihr das Ende noch hin oder zeigen darauf.

Ratgeber, S. 30, 31

„Memory“

eine Seite bevorzugt. Ihre Katze wird auch gelegentlich falsch „tippen“. Nehmen Sie die Karten ohne zu clickern kurz weg, und wiederholen Sie den Durchgang mit den gleichen Motiven und Positionen. Bei der Profi-Katze nehmen Sie dann neue Motive.

Variante: für Profis

Wenn Ihre Katze neun von zehn Aufgaben richtig löst, erweitern Sie die Auswahl auf drei Karten und später noch mehr. Sie können die Karten dann auch liegen lassen, bis alle nacheinander „dran“ waren. Verwenden Sie dann die Paarbilder der Memory-Bilder zum Anzeigen. Zur Auflockerung können Sie Ihrer Katze zwischen zwei Durchgängen die Leckerlis auch in den Raum werfen. Schwieriger ist auch das Anzeigen von verdrehten Vorlagen-Motiven. Das Kurzzeitgedächtnis Ihrer Katze können Sie überprüfen und trainieren, indem Sie zwischen dem Anzeigen eines Motivs und dem Präsentieren der Auswahl längere Pausen einführen. Steigerungsmöglichkeiten ergeben sich außerdem durch die Verwendung anderer Spielkarten.

TIPP:

Bei Wahlaufgaben wird grundsätzlich jede richtige Antwort der Katze verstärkt. Nur dann hat sie die Chance, zwischen erfolgloser und erfolgreicher Wahl zu unterscheiden und die Aufgabe zu verstehen.

2

Ratgeber, S. 15, Kasten S. 31

36 | „Memory“

1

➤ **Ziel:** Ihre Katze wählt aus einer Auswahl von Karten ein vorher angezeigtes Motiv aus. Bei diesen Konzentrationsübungen sind Memory-Karten etwas einfacher zu unterscheiden als Poker oder Rommé.

➤ **Anfänge:** Legen Sie eine Karte mit der Rückseite nach oben vor Ihre Katze. Verstärken Sie ihre Annäherung, dann das Bepföteln mit einer Vorderpfote, indem Sie bei ihrer Berührung clicken und etwa gleichzeitig mit dem Füttern die Karte wegnehmen.

➤ **So geht's weiter:** Zeigen Sie Ihrer Katze nun mit einem Signalwort, z.B. „Schau“, die Vorderseite einer Karte – achten Sie darauf, dass sie hinschaut – und legen Sie diese vor ihr hin. Verstärken Sie ihr Antippen. Wiederholen Sie dies nacheinander mit verschiedenen Motiven, damit sie keine Vorliebe entwickelt. Achten Sie bei Bildmotiven auf gleichbleibende Ausrichtung, damit Ihre Katze sie gut wiedererkennt. Dann zeigen Sie ihr ein Motiv und legen Sie es langsam neben ein anderes Motiv aus Ihrer anderen Hand auf den Boden. Sie können Ihrer Katze helfen, indem Sie auf alle Karten oder zwischen sie zeigen. Clicken Sie, wenn Ihre Katze auf das gezeigte Motiv tippt. Nehmen Sie die Karten fort, wenn Sie die Belohnung geben. Wechseln Sie nach jeder korrekten Wahl Ihrer Katze die Motive und die Liegeplätze der „richtigen“ Karten, damit sie weder ein Motiv noch

35 | Hütchenspiel

➤ **Ziel:** Ihre Katze findet das unter einem von mehreren „Hütchen“ verborgene Futter. Als Verstecke eignen sich z. B. halbe Walnussschalen, Eierbecher oder Becher.

➤ **Anfänge:** Stellen Sie ein Hütchen vor Ihre Katze. Sie kann es beschnuppern, aber clicken Sie nicht und lassen Sie sie nicht damit spielen. Decken Sie ein Leckerli mit dem Hütchen zu, während die Katze zuschaut. Nehmen Sie Ihre Hände weg. Einen Becher oder Eierbecher werfen viele Katzen um und holen sich das Futter selbst. Als Alternative trainieren Sie das Anzeigen mit einer Pfote. Clicken Sie dazu schon, wenn Ihre Katze sich dem verdeckten Futter nähert, heben Sie das Hütchen hoch und lassen Sie sie fressen. Das Hütchen stellen Sie erst wieder zum nächsten Durchgang vor die Katze; wieder legen Sie sofort und offensichtlich Futter darunter. Warten Sie auf eine deutliche Pfotenbewegung gegen das Futterversteck. Die Pfote auf ein Versteck zu legen fällt Katzen selten leicht, dies können Sie mit einem Pfotentarget (→ Karte 2) trainieren. Wenn Ihre Katze das Hütchen ohne Zögern und treffsicher antippt, benutzen Sie zeitgleich mit dem Wegnehmen Ihrer Hände ein Wortsignal, z. B. „Wo“. Stellen Sie das Hütchen einige Male auch leer vor sie hin, dann ohne Wortsignal. Tippt sie daran, heben Sie es ohne zu clicken hoch, sie kann dann den leeren Platz prüfen.

1

Hütchenspiel

2

➤ **So geht's weiter:** Stellen Sie zwei Hütchen im Abstand von etwa 10 cm vor die Katze, legen Sie ein Leckerli unter eines der beiden, nehmen Sie die Hände zurück und geben Sie das Wortsignal. Jeden korrekten „Tipp" verstärken Sie grundsätzlich mit Click und Aufdecken. Entscheidet sich die Katze für ein leeres Hütchen, heben Sie es nur kurz hoch. Wechseln Sie oft die Seiten, an denen das Futter liegt. Anschließend stellen Sie ein drittes Hütchen dazu und wiederholen die Übung mit wechselnden Futterstandorten. Wenn das gut klappt, schieben Sie vor dem Signal und Loslassen das „Futter-Hütchen" ein kurzes Stück zu sich und wieder zur Katze. Schieben Sie das Hütchen schrittweise längere Strecken und formen Sie diese Bewegung zu einem Verschieben an einen anderen Standort.

TIPP:
Viele Katzen bleiben nach dem Fressen sehr dicht an den Hütchen sitzen. Sie dann zurückzuschieben demotiviert sie schnell. Stellen Sie die Hütchen besser auf ein kleines Pult, z. B. ein dickes Buch.

Ratgeber, S. 21, Kasten S. 31

Apportieren

mer höher. Geben Sie das Signalwort, z. B. „Bring“, unmittelbar vor dem Werfen. Da Ihre Katze das Spielzeug schon vor Übungsbeginn getragen hat, brauchen Sie es zwischen den Übungen nicht wegzuräumen.

➤ **Training durch Formen:** Auch das Aufnehmen von Gegenständen mit dem Maul können Katzen lernen, Sie brauchen allerdings viel Geduld und ein hervorragendes Timing. Wählen Sie ein Spielzeug, das Ihre Katze schon einmal zwischen den Zähnen hatte und räumen Sie es zwischen den Übungen weg. Füttern Sie Ihrer Katze mehrere Leckerli aus der Hand und halten Sie ihr das Apportel hin. Will sie es zwischen die Zähne nehmen, stupst sie mit ihrer Nase daran oder nähert sie sich nur, clicken Sie. Nehmen Sie das Apportel beiseite und geben ihr wieder Futter aus der Hand. Präsentieren Sie ihr das Spielzeug für einen neuen Durchgang und formen Sie schrittweise das Aufnehmen aus Ihrer Hand mit den Zähnen und ein längeres Halten des Apportels. Anschließend ziehen Sie sich ein kleines Stück zurück, während Ihre Katze das Spielzeug trägt, und locken Sie zu sich. Vorübergehend hilft Ihrer Katze auch ein Target, Ihnen das Apportel einen Schritt weit zu bringen. Formen Sie nun längeres Tragen über weitere Strecken, bevor Sie das Spielzeug vor ihr hinlegen und sich entfernen und noch später werfen.

2

Ratgeber, S. 7, 20/21

30 | Apportieren

1

➤ **Ziel:** Ihre Katze bringt Ihnen einen Gegenstand.
➤ **Hintergrund:** Obwohl alle Katzen Mäuse im Maul tragen können, ist ihre Neigung zum Apportieren von Spielzeugen meist sehr unterschiedlich ausgeprägt.
➤ **Training durch Einfangen:** Wenn Ihre Katze gelegentlich eine Spielzeugmaus oder ein Papierknäuel trägt, üben Sie hauptsächlich das Bringen. Beim fertigen Trick bringt Ihre Katze immer wieder das Spielzeug zurück, das Sie geworfen haben. Clicken Sie also, während sie es im Maul hält. Da der Click das Verhalten abbricht, wird sie das Spielzeug fallen lassen. Sie können sie mit Leckerli belohnen oder durch Werfen eines anderen begehrten Spielzeugs – für spielmotivierte Katzen eine hervorragende Belohnung. Halten Sie in dieser Phase immer mehrere ähnliche Spielzeuge bereit. Verstärken Sie den Moment des Tragens mehrmals und clicken Sie dann bevorzugt, wenn Ihre Katze mit dem zu bringenden Spielzeug, dem Apportel, auf Sie zugeht. Verstärken Sie immer später, bis Ihre Katze das Apportel in Ihre direkte Nähe bringt. Damit sie es in Ihre Hand legt, halten Sie diese zunächst weit unter das Apportel, bevor sie es fallen lässt, und dann im-

1 | Nasentarget

➤ **Ziel:** Die Katze berührt ein Target, z. B. einen Targetstab, ein Essstäbchen oder einen Stift. Dieses Training ist eine hilfreiche Grundlage für viele andere Übungen und Tricks.

➤ **Anfänge:** Halten Sie das Target auf Nasenhöhe vor die Katze und verstärken Sie jedes Interesse daran, beispielsweise ein Zuwenden oder Annähern. Clicken Sie bei jeder zum Target hin gerichteten Bewegung und nicht, wenn sie sich wieder abwendet. Entfernen Sie nach jedem Click das Target aus dem Sichtfeld der Katze und reichen Sie ihr sofort eine Futterbelohnung. Ist die Katze wieder aufmerksam, präsentieren Sie das Target erneut. Ein lange still gehaltenes Objekt ignorieren Katzen oft. Nehmen Sie es dann kurz weg und halten es erneut vor die Katze. Das Interesse kann auch geweckt werden, wenn man das Target kurz auf den Boden tippt. Nach den ersten Erfolgen clicken Sie nur noch bei Nasenberührungen an der Spitze des Targets. Hineinbeißen verhindern Sie durch frühzeitiges Clicken.

➤ **So geht's weiter:** Wenn die Katze das Target zuverlässig berührt, präsentieren Sie es so, dass sie einige Schritte zu ihm gehen muss. Werfen Sie die Belohnung dazu etwas weiter weg und halten Sie das Target erneut hin, wenn die Katze sich Ihnen wieder nähert. Wenn Ihre Katze sich dem Target zur Berührung sicher nähert, führen Sie ein Signalwort ein, z.B. „Tipp“.

Nasentarget-Variationen

2

Variante: Die Katze hält ihre Nase längere Zeit an das Target.

Clicken Sie nur für länger andauernde Kontakte der Katzennase mit dem Target. Steigern Sie die Anforderungen nur sehr langsam, damit die Katze nicht das Interesse an dem Training verliert. Zunächst sollte höchstens jede zweite Berührung unbelohnt bleiben. Diese Übung erfordert ein sehr gutes Timing, bei dem unbedingt der Nasenkontakt verstärkt wird, nicht das Entfernen der Nase vom Target oder ein Hineinbeißen.

Variante: Die Katze folgt dem bewegten Target vor ihr.

Präsentieren Sie das Target ohne Signalwort und bewegen Sie es langsam von der Katze weg, wenn sie sich nähert. Verstärken Sie den ersten Schritt, den die Katze dem Target folgt. Eine Berührung ist nicht notwendig. Nach einigen Wiederholungen vergrößern Sie langsam die Strecke. Lassen Sie Ihre Katze auch Hindernisse umrunden. Das Target sollte sich stets etwas vor der Katze befinden. Die Übung erhält zum Schluss ein eigenes Signalwort.

G|U

Ratgeber, S. 12, 13/14, 21, 23–25

2 | Pfotentarget

1

➤ **Ziel:** Die Katze berührt auf ein Signalwort hin ein Target mit einer oder beiden Vorderpfoten (z. B. ein Stück Pappe, eine Fliegenklatsche oder einen Haftzettel) als Basis für einige andere Übungen.

➤ **Anfänge:** Legen Sie das Target auf den Boden, während Ihre Katze zuschaut, und clicken Sie bei jeder Annäherung, also auch Hinschauen oder sich nähern. Meist schnuppern Katzen an solchen Objekten oder berühren sie mit der Pfote. Clicken Sie bei jedem Bepföteln des Targets.
Nach einigen Wiederholungen zögern Sie die Clicks ein wenig hinaus und verlängern so die Dauer der Berührung. Zu Beginn des Trainings und v. a. für das Ausdauertraining eignen sich größere Pfotentargets, z. B. ein Stück Pappe, auf oder vor dem die Katze ihre Futterbelohnung erhält, sodass sie darauf stehen bleibt, während sie ihre Belohnung frisst. Durch wiederholtes Clicken und Füttern, solange sie auf dem Target steht, lässt sich die Dauer des Kontaktes schnell verlängern.

➤ **So geht's weiter:** Verstärken Sie nur Berührungen mit derselben Vorderpfote und führen dazu ein entsprechendes Signalwort ein. Anschließend wird die Berührung mit der anderen Pfote verstärkt. Legen Sie dazu das Pfotentarget leicht rechts oder links vor der Katze auf den Boden. Sie können das Pfotentarget auch in Ihrer Hand halten.

Platz aufsuchen

➤ **Ziel:** Die Katze geht zu einem Target und setzt oder legt sich darauf.

➤ **Anfänge:** Nehmen Sie das bereits bekannte Target für die Katze gut sichtbar in die Hand und gehen Sie zu einem Platz, den sie später auf Kommando aufsuchen soll, z. B. den Kratzbaum. Legen Sie das Target auf ein Podest und clicken Sie, sobald die Katze sich dorthin auf den Weg macht. Zeigen Sie ihr das Target erneut, legen Sie es wieder auf das Podest und formen Sie diese Übung, bis Ihre Katze dorthin springt. Wenn Ihre Katze Pfotentarget und Kratzbaum schon kennt, wird sie sicher schnell auf das Podest springen. Dann können Sie ihr ein Signalwort geben und ihren Aufenthalt dort mehrmals verstärken. Nach wenigen Wiederholungen werfen Sie wieder eine Belohnung auf den Boden. Fordern Sie Ihre Katze erst dann mit dem Signalwort zu dieser Übung auf, wenn sie zuverlässig zum Target geht.

➤ **So geht's weiter:** Üblicherweise soll die Katze auf ihrem Platz warten (→ Karte 9), daher ist es sinnvoll, ihr das Futter dort zu geben. Wenn Ihre Katze einen von mehreren Plätzen aufsuchen soll, verwenden Sie für jeden Ort ein eigenes Signalwort und eines für nicht eingeübte Plätze, die Sie für sie auswählen.

2

G|U

Ratgeber, S. 12, 13/14, 21

3 | Auf den Namen hören

1

➤ **Ziel:** Die Katze wendet sich Ihnen erwartungsvoll zu, wenn Sie sie mit ihrem Namen ansprechen.

➤ **Hintergrund:** Der Name einer Katze wird oft als „Komm“-Signal (→ Karte 3 hinten) verwendet und wirkt auch oft so, z. B. kann man Katzen mit ihrem Namen aus einem Nebenraum rufen. Eine Trennung der beiden „Kommandos“ ist sinnvoll, weil wir durch das Ansprechen mit ihrem Namen ihre Aufmerksamkeit bekommen – das eigentliche Ziel der Übung. V. a. im Mehrkatzenhaushalt ist es vorteilhaft, die Namen gut zu trainieren, für das Clickertraining mit mehreren Katzen ist es sehr hilfreich.

➤ **Anfänge:** Die Katze ist wach und befindet sich in einer ruhigen Umgebung. Sagen Sie ihren Namen und clicken Sie, während die Katze ihren Kopf in Ihre Richtung dreht. Werfen Sie ihr das Futter zu. Reagiert sie nicht, machen Sie ein ungewöhnliches Geräusch, z. B. Schmatzen, direkt nach Nennung ihres Namens.

➤ **So geht‘s weiter:** Für das Training bieten sich auch Alltagssituationen an, in denen die Katze Zuwendungen erfährt, etwa bevor Sie den Futternapf vor sie hinstellen oder bevor und während sie gestreichelt wird.

TIPP:
Nennen Sie den Namen nur, wenn Sie Ihre Katze wirklich ansprechen. In Unterhaltungen über die Katze verwenden Sie lieber einen alternativen Namen.

Kommen

➤ **Ziel:** Die Katze kommt auf Zuruf zu Ihnen.

➤ **Hintergrund:** Auf ein gut trainiertes „Komm"-Signal reagiert Ihre Katze auch, wenn sie sich mit Ihnen im selben Raum aufhält.

➤ **Anfänge:** Warten Sie einen Moment ab, in dem die Katze aus eigenem Antrieb auf Sie zugeht und clicken Sie. Die Katze wird zu Ihnen kommen, um die Belohnung zu kassieren. Geben Sie ihr das Futter immer in Ihrer Nähe. Rufen Sie Ihre Katze nach dem Ansprechen, und zunächst nur dann, wenn sie sicher kommen wird, also in eher langweiligen Situationen. Wenn sie nicht darauf reagiert, wiederholen Sie das Signal höchstens einmal oder versuchen Sie es später ohne Ablenkungen. Rufen Sie sie nicht, wenn ihr etwas Unangenehmes bevorsteht. Gehen Sie in diesem Fall einfach freundlich zu ihr, am besten wenn sie sich gerade ungebührlich benimmt.

➤ **So geht's weiter:** Formen Sie eine gute Geschwindigkeit der Ausführung und steigern Sie langsam Ablenkung und Distanz. Nach den ersten Trainingserfolgen rufen Sie Ihre Katze immer dann, wenn Sie etwas Angenehmes für sie parat haben: bevor sie in einen beliebten Raum gehen, der oft für sie verschlossen ist, oder wenn Sie eine besondere Leckerei zur Hand haben.

2

GU

Ratgeber, S. 20, 26, 35

4 | Kreativität üben

➤ **Ziel:** Die Katze wird und reagiert aktiver.

➤ **Hintergrund:** Manche ältere Katzen neigen zur Bewegungsunlust bis hin zur Lethargie. Sie erkunden die Wohnung höchstens oberflächlich und spielen nicht mehr. Dies führt häufig zu Übergewicht und noch weniger Bewegung – ein Teufelskreis, der durch diese Übung durchbrochen werden kann. Dabei verstärken Sie jede neue Aktivität Ihrer Katze, auch unauffällige wie eine Kopfdrehung oder ein kurzes Heben der Nase. Dies schult nebenbei auch Ihre Beobachtungsgabe und Ihr Timing beim Clickern. Da keine speziellen Verhaltensweisen trainiert werden sollen, sondern immer neue, die auftreten, verstärken Sie jede Aktion, die die Katze zeigt, maximal zweimal hintereinander. Warten Sie dann auf eine andere. Clicken Sie jedoch insgesamt möglichst häufig und gerne schnell, um Ihrer Katze viele Erfolgserlebnisse zu schenken und sie zu weiteren Aktivitäten anzuregen.

➤ **Training mit Karton:** Stellen Sie einen offenen Karton auf den Boden, wenn Ihre Katze anwesend ist. Vorteilhaft ist die Zeit

Kreativität üben

vor der Fütterung, dann sind Katzen allgemein am aktivsten. Sie können auch etwas Laub oder Gras als geruchlichen Anreiz hineinfüllen. Clicken Sie nun für jede Bewegung zum Karton hin und jede Aktivität rund um den Karton: anschauen, hingehen, schnuppern und pföteln an verschiedenen Stellen des Kartons, hineinsteigen, hinsetzen, hinlegen, vorbeigehen usw. Wenn Sie die Leckerchen in die Nähe oder in den Karton werfen, erhöhen Sie die Chance, dass Ihre Katze sich erneut mit dem Objekt beschäftigt. Diese Übung ist u. U. auch für Katzen geeignet, die dazu neigen, neue Objekte in der Wohnung mit Harn zu markieren, wenn Sie früh, z. B. für das Nähern, clicken.

➤ **Training mit anderen Objekten:** Sie können für das Kreativitäts-Training auch andere Objekte verwenden, z. B. Spielzeug, Papierknäuel, Plastikflaschen usw., die Sie auf den Boden legen, wenn Ihre Katze zuschaut. Clicken Sie wie bei der Kartonübung für alles, was sie damit anstellt. Lassen Sie die Gegenstände nicht lange im Zimmer liegen, sonst verlieren sie ihren Reiz.

TIPP:
Bei einer scheuen Katze ist auch der Einsatz einer Kordel vorteilhaft, deren eines mit Schlaufe oder dickem Knoten versehenes Ende vor der Katze liegt. Drehen Sie die Kordel in eine Richtung, bewegt sich auch das Ende.

3

Ratgeber, S. 39

5 | Entspannen

➤ **Ziel:** Ihre ängstliche Katze beruhigt sich als Reaktion auf ein Signalwort.

➤ **Hintergrund:** Gute Entspannungssignale wirken wie der Clicker unwillkürlich und werden ebenfalls klassisch konditioniert.

➤ **Anfänge:** Beobachten Sie Ihre Katze genau und sagen Sie das Signalwort, etwa „Alles gut“, unmittelbar bevor Ihre Katze sich entspannt, z. B. wenn sie sich auf ihrem Liegeplatz gestreckt hat und bevor sie sich wieder hinlegt oder wenn Geräusche draußen oder im Flur wieder abklingen und bevor sie sich sicher wieder beruhigt. Bei Schmusekatzen wirkt auch das Streicheln entspannend und kann zum Training eingesetzt werden. Sagen Sie das Entspannungssignal jeweils, bevor Ihre Hand die Katze berührt – vorausgesetzt sie genießt den Körperkontakt. Diese Übung kann während einer Streichelzeit also häufig trainiert werden. Da die Reaktionen nicht sehr stark sind, sind insgesamt mindestens 100 Wiederholungen nötig, bis Ihre Katze sich nur auf Ihr Signal hin entspannt.

➤ **So geht‘s weiter:** Das Signal muss auch später

1

Entspannen

immer wieder vor einer unwillkürlichen Entspannung der Katze, etwa während des Streichelns oder vor dem gemütlichen Zurechtrücken auf dem Liegeplatz, eingesetzt werden, damit die Katze die Verknüpfung im Gedächtnis behält.

2

➤ **Spezielle Einsatzmöglichkeiten:** Auch das konditionierte Signal setzt nicht den Selbstschutz der Katze außer Kraft, das bedeutet, dass bei einer extremen Bedrohung Ihre Katze trotzdem die Flucht ergreift. Es sollte in solchen Situationen daher nicht gegeben werden. Das Signal kann jedoch gut im Rahmen einer Therapie, z. B. während einer schrittweisen Annäherung an eine Quelle der Bedrohung, eingesetzt werden.

Ein Entspannungssignal löst meist sehr spezielle Erwartungen und Reaktionen aus, z. B. spontanes Hinlegen, wenn Sie es nur in Verbindung mit Entspannung auf einem Liegeplatz trainiert haben. Der Einsatz mehrerer solcher Signale ist daher vorteilhaft. Wenn Sie ein Signalwort aber in verschiedenen Situationen trainiert und dadurch generalisiert haben, wirkt es allgemein beruhigend.

TIPP:
Geben Sie niemals das Entspannungssignal, wenn die Gefahr besteht, dass Ihre Katze von einem Hund oder Artgenossen angegriffen wird, oder vor einer möglicherweise schmerzhaften Behandlung.

GU

Ratgeber, S. 31, 35/36

6 | Körperkontakt tolerieren

1

➤ **Ziel:** Ihre Katze lässt sich anfassen und streicheln.
➤ **Hintergrund:** Katzen, die den Kontakt mit Menschen nicht gewöhnt sind oder schlechte Erfahrungen mit ihnen gemacht haben, weichen jeder Berührung aus. Dabei empfinden die meisten von ihnen Streicheleinheiten als angenehm, wenn sie einmal genug Vertrauen zum Menschen gefasst haben. Bei dieser Übung ist es also zunächst notwendig, Angst ab- und Vertrauen aufzubauen.
➤ **Anfänge:** Nähern Sie sich Ihrer Katze so weit, dass sie ruhig bleibt. Dabei können Sie auch gut auf den Übungen zur Entspannung (→ Karte 5) aufbauen. Strecken Sie ihr die Hand ein wenig entgegen. Bei den ersten Annäherungen wirkt ein Stück Futter in der Hand unterstützend. Bleibt sie ruhig oder nähert sie sich, clicken Sie, legen die Belohnung hin und nehmen die Hand sofort zurück. Wenn die Katze ausweicht, wählen Sie einen größeren Abstand. Nach einigen Wiederholungen nehmen Sie die Hand nur noch wenig zurück und lassen sie schließlich neben dem Futter liegen, während die Katze frisst. Bewegen Sie Ihre Hand zum Füttern langsam, keinesfalls ruckartig. Clicken Sie bei ruhigem Verhalten zuerst möglichst schnell, bevor Sie wenige

Körperkontakt tolerieren

Sekunden Toleranz von Ihrer Katze erwarten. Für die ersten Berührungen ist eine Feder hilfreich, die Sie an einen Stab oder eine Reizangel binden können, um größeren Abstand zu halten. Im Laufe der Übungen rutscht Ihre Hand immer näher an die Katze heran, bis Sie sie schließlich direkt berühren können. Clicken Sie, wenn die Katze ruhig bleibt, sich Ihnen nähert oder Zeichen der Entspannung zeigt. Erste Berührungen werden am ehesten an Kinn, Wange und Schulter geduldet sowie eher an der Seite als am Rücken.

➤ **So geht's weiter:** Bieten Sie Ihrer Katze Ihren Zeigefinger auf Nasenhöhe an. Wenn sie daran schnuppert oder mit Nase und Wange entlangstreicht, clicken Sie. Nach wenigen Wiederholungen übernehmen Sie die streichende Bewegung und verstärken jede positive Reaktion. Anschließend wird nur noch jeder zweite Streichelstrich verstärkt, dann Hals und Schulter berührt. Wenn Ihre Katze sich Ihrer Hand entgegendrückt, können Sie den Clicker weglassen und während des Streichelns nur noch bei Bedarf füttern.

Ratgeber, S. 31, 35/36

7 Hochnehmen

➤ **Ziel:** Ihre Katze lässt sich ohne Gegenwehr auf dem Arm halten.

➤ **Hintergrund:** Manche Katzen empfinden das Hochheben als eine bedrohliche Einengung, selbst wenn sie sich gerne streicheln lassen.

➤ **Anfänge:** Legen Sie eine Hand sanft unter die Brust Ihrer Katze. Wenn sie eine Sekunde lang stillhält, clicken Sie, nehmen die Hand weg und füttern. Steigern Sie nun die Dauer der Berührung. Legen Sie dann den Clicker auf Zeige- und Mittelfinger der flachen Hand und den Daumen auf den Knopf. Fassen Sie mit dieser Hand unter den Bauch der Katze und mit der anderen unter ihre Brust. Clicken Sie nach einer Sekunde Ruhe, entfernen Sie beide Hände und belohnen sie. Wenn Sie später die Katze kurz anheben, berührt sie dabei noch mit den Pfoten den Boden, bevor Sie sie weiter hochheben. Setzen Sie nun die Katze auf einem sehr nahen, bei ihr beliebten Platz ab. Verlängern Sie langsam die Tragezeit und tragen Sie sie allmählich über weitere Strecken. Lassen Sie sie los, bevor sie strampelt, und nur, wenn sie nicht (mehr) strampelt. Zum längeren Tragen legen Sie ihre Vorderbeine auf Ihren Unterarm und greifen Sie mit der anderen Hand unter ihre Hinterfüße.

1

➤ **So geht's weiter:** Heben Sie Ihre Katze auf interessante Plätze und verschaffen Sie ihr auf dem Arm eine gute Aussicht.

Hochnehmen

2

VARIANTE: BAUCH-ENTLASTENDES HOCHNEHMEN
Übergewichtige Katzen oder solche mit einem empfindlichen Magen-Darm-Trakt empfinden es als unangenehm, am Unterbauch hochgehoben zu werden. Für sie eignet sich der Griff mit einer Hand unter der Brust (→ Karte 6 vorn) und mit der anderen hinter bzw. unter den Hinterfüßen. Der Clicker ist zusammen mit beiden Hinterfüßen nicht einfach zu bedienen. Die meisten Katzen haben jedoch kein Problem damit, an der Brust und nur einem Hinterfuß hochgehoben zu werden, sie setzen den anderen auf Ihre Hand, wenn der Boden schwindet. Fassen Sie also mit der Clickerhand hinter den Ihnen abgewandten Hinterfuß und mit der anderen unter die Brust. Clicken Sie, solange Ihre Katze ruhig bleibt, nehmen die Hände dann weg und belohnen. Dehnen Sie die Dauer der Berührung aus, bevor Sie zuerst nur den Vorderkörper der Katze 1–2 Zentimeter anheben. Bringen Sie beim Anheben des Hinterkörpers die Hinterpfoten schnell unter den Körper der Katze, damit sie sich bequem halten kann. Verlängern Sie nun die Tragedauer.

GU

Ratgeber, S. 10, 23/24

8 | Sitzen

➤ **Ziel:** Ihre Katze setzt sich nach Ihrer Aufforderung hin.

➤ **Anfänge:** Da Katzen sich recht häufig setzen, können Sie das Hinsetzen gut mit dem Clicker einfangen. Beobachten Sie Ihre Katze und clicken Sie, sobald ihr Popo den Boden berührt. Geben Sie die Futterbelohnung ein Stück von Ihnen und der Katze entfernt, sodass sie zum Fressen aufstehen muss. Wahrscheinlich wird sie sich Ihnen in Erwartung einer weiteren Belohnung wieder nähern – und sich erneut setzen. Verstärken Sie das Hinsetzen mehrmals. Da die Übung sehr einfach ist, wird Ihre Katze sich nun so auffällig und häufig vor Sie hinsetzen, dass Sie unmittelbar vorher ein Signalwort, etwa „Sitz", sagen können. Nach 20–30 Wiederholungen verstärken Sie nur noch das Hinsetzen auf „Kommando". Die Sitzdauer trainieren Sie, indem Sie Click und Belohnung langsam hinauszögern.

➤ **So geht's weiter:** Üben Sie das Sitzen auch auf anderen Plätzen und variieren Sie dabei Ihre Körperhaltung. Ein eventuell eingeführtes Sichtzeichen, z. B. ein erhobener Zeigefinger, behalten Sie dagegen bei.

1

TIPP:
Die Sitzdauer lässt sich auch gut verstärken, indem Sie der sitzenden Katze mehrmals hintereinander Signalwort und ggf. Sichtzeichen geben und anschließend clicken und füttern – aber natürlich nur, wenn sie sitzen bleibt.

Hinlegen

2

➤ **Ziel:** Ihre Katze legt sich nach einem Signalwort oder auf ein Sichtzeichen hin.

➤ **Anfänge:** Sie können das Hinlegen ebenso wie das Sitzen einfangen, während Ihre Katze sich von selbst hinlegt. Wenn sie schon Erfahrungen mit dem Nasentarget (→ Karte 1) gemacht hat, können Sie diese Übung auch formen. Dazu bringen Sie das Target direkt vor der sitzenden oder stehenden Katze langsam auf den Boden, Ihre dabei flach zum Boden weisende Handfläche ähnelt dem später eingesetzten Sichtzeichen. Verstärken Sie jede Annäherung mit der Nase an das Target. Clicken und belohnen Sie auch, wenn Ihre Katze sich hinkauert. Nach wenigen Wiederholungen ziehen Sie das liegende Target langsam ein wenig von der Katzennase fort und verstärken jedes Vorstrecken – erst eines einzelnen Vorderbeins, dann beider Vorderbeine –, das Hinterteil muss allerdings auf dem Boden bleiben.

➤ **So geht's weiter:** Fassen Sie den Targetstab immer weiter vorn, Richtung Spitze, bis er ganz in Ihrer Hand verschwindet und nur noch das Sichtzeichen bleibt. Bei sicherer Ausführung führen Sie ein Signalwort ein.

Ratgeber, S. 13, 20/21, U2

9 | Warten

1

➤ **Ziel:** Die Katze bleibt auf einem Platz.

➤ **Hintergrund:** Das Warten ist eine leichte Übung für die Lauerjäger – wenn die Katzen gelernt haben, dass es sich für sie lohnt. Die Verstärkung beendet in diesem Fall nicht zwangsläufig das Warten, da die Belohnung zumindest zunächst auf dem Warteplatz gegeben wird. Die Übung wird meist aufgelöst, indem Sie Ihrer Katze eine neue Aufgabe anbieten.

➤ **Anfänge:** Als Grundlage eignet sich das Aufsuchen eines Platzes (→ Karte 2 hinten). Als Alternative schlagen Sie Ihrer Katze einen Platz vor, auf dem sie nicht stört und der ihr eine gute Aussicht bietet. Als Hilfsmittel dient eine angenehme Unterlage wie ein (Hand-)Tuch oder eine Zeitung, auf die Sie Ihre Katze mit Futter locken. Clicken und füttern Sie erst so schnell, dass es sich für sie lohnt, dort auf Nachschub zu warten. Anschließend gehen Sie einen Schritt von ihr fort, sofort wieder zurück und verstärken ihr Bleiben. Wenden Sie sich dabei auch von ihr ab. Vergrößern Sie schrittweise, aber unregelmäßig, Ihre Distanz zur Katze, belohnen Sie sie aber jeweils direkt am Warteplatz. Bleibt die Katze sitzen, clicken Sie auch schon aus der Entfernung

Warten

und bringen ihr schnell das Futter. Verlängern Sie nun weiter langsam die Wartedauer der Katze, aber clicken und füttern Sie auch immer wieder nach kurzen Wartezeiten. Dadurch fördern Sie die Ausdauer und Geduld Ihrer Katze. Verlässt sie den Platz vor einer Verstärkung, locken Sie sie wieder dorthin. Bleibt sie sicher sitzen, sagen Sie ihr jeweils einige Sekunden vor der nächsten Belohnung ein Signalwort, z. B. „Warte“, nach etwa 20–30 Durchgängen bekommt sie das „Kommando“ vor dem Warten. Steigern Sie dann die Wartezeit weiter langsam und unregelmäßig.

➤ **So geht's weiter:** Sorgen Sie für zunächst kleine Ablenkungen, etwa durch Spielzeug, das zu Beginn kaum bewegt wird. Steigern Sie diese sehr langsam je nach „Geschmack“ der Katze durch ihr Essen, andere Menschen, Hunde, Katzen usw. Später kann die Übung auch genutzt werden, wenn Sie mit mehreren Katzen clickern. Dadurch vermeiden Sie Unruhe und Unterbrechungen (→ Buch Seite 16). Setzen Sie diese Übung auch im Alltag ein und lassen Sie Ihre Katze auf „Serviceleistungen“ wie Fütterung, Streicheln oder sonstige Zuwendungen kurz warten, die von ihr bisher eingefordert wurden.

2

Ratgeber, S. 13, 33, U3

10 | Mitgehen

➤ **Ziel:** Ihre Katze geht an Ihrer Seite.

➤ **Anfänge:** Nehmen Sie ein Leckerli für die Katze sichtbar in die linke oder rechte Hand – je nachdem, auf welcher Seite sie mitgehen soll – und gehen einige Schritte. Wenn Ihre Katze Ihnen folgt, bekommt sie einen Click und das Leckerli. Wiederholen Sie diesen Ablauf mehrmals. Verstärken Sie dabei früh und schnell genug, solange Ihre Katze Ihnen folgt und bevor sie vor Ihre Füße läuft oder anderes Bettelverhalten zeigt. Nach den ersten Schritten bleibt Ihre Hand leer, Sie halten sie aber wie bisher, beispielsweise zu einer Faust geballt, und füttern auch mit dieser Hand. Verändern Sie Ihre Handhaltung langsam zum späteren Sichtzeichen, z. B. einem ausgestreckten Zeigefinger. Steigern Sie langsam die Anzahl der Schritte, aber verstärken Sie unterschiedlich lange Strecken. Zunächst gehen Sie immer denselben Weg, aber wenn Ihre Katze Ihnen zuverlässig folgt, wählen Sie auch andere. Bleibt sie auch jetzt an Ihrer Seite, führen Sie vor dem ersten Schritt das Signalwort ein, z. B. „Fuß“. Beenden Sie jede Übung immer mit einem Auflösesignal, z. B. „OK“.

1

TIPP:

Führen Sie die Übung bzw. die Signale bei Gängen durch die Wohnung und zum Füttern ein, auch wenn Ihre Katze Ihnen sowieso folgt. Die Belohnung kann auch ein Spiel oder ihre Mahlzeit sein.

Vorausgehen

➤ **Ziel:** Die Katze geht Ihnen voraus.

➤ **Anfänge:** Öffnen Sie eine Tür, vor der Sie mit Ihrer Katze stehen, und sagen Sie ein Signalwort, z. B. „Geh". Wenn sie nicht neugierig hineinläuft, werfen Sie schnell ein Leckerli oder Spielzeug über den Boden und clicken, sobald sie über die Schwelle läuft. Die Belohnung findet sie dort. Deuten Sie den Wurf später nur noch an – Sie nähern sich dem zukünftigen Sichtzeichen – und belohnen Sie Ihre Katze, sobald sie vorausgeht. Sagen Sie das Signalwort auch, bevor Sie sie aus dem Haus oder in andere Räume lassen.

➤ **So geht's weiter:** Wenn Sie Ihrer Katze folgen möchten, benutzen Sie ein anderes Signalwort, z. B. „Spazieren", die Verstärkung kann dann auch ein Spiel oder Spaziergang sein. Wenn Sie trainieren möchten, dass sich Ihre Katze alleine in einem Zimmer einschließen lässt, üben Sie sorgfältig das Schließen der Türe und ihre Aufenthaltsdauer im Raum (→ Buch Seite 36). Gestalten Sie das Zimmer für die Katze attraktiv, z. B. durch dort stattfindendes Clickertraining.

2

G|U

Ratgeber, S. 22, 27, 36

11 | Transportkorb-Training

1

2

➤ **Ziel:** Die Katze geht nach einem Signal in einen Transportkorb und bleibt dort entspannt.

➤ **Anfänge**: Stellen Sie einen standfesten Transportkorb ins Zimmer. Wenn Ihre Katze Angst vor ihrem Korb hat, üben Sie besser mit einem anderen Modell. Bei den ersten Durchgängen verstärken Sie das Anschauen und anschließend jede Annäherung an den Korb, d. h. erst zuwenden, dann ein Schritt in Richtung des Korbes. Schließlich muss sie für einen Click und die Belohnung zwei und später noch mehr Schritte auf den Korb zugehen. Werfen Sie die Futterbelohnung vorne in den Korb. Weigert sie sich, das Futter dort zu fressen, verstärken Sie zunächst weitere Annäherungen und Interesse am Korbinneren. Clicken Sie dann für einen ersten Schritt in den Korb, für das Betreten mit beiden Vorderpfoten und anschließend für drei und alle Pfoten im Korb. Verstärken Sie ihre Anwesenheit im Korb, indem Sie mehrmals hintereinander clicken und die Katze jeweils im Korb füttern. Geht sie nach diesen Durchgängen zielstrebig in

Transportkorb-Training

den Transportkorb, so führen Sie ein Signalwort ein. Dehnen Sie jetzt langsam ihren Aufenthalt im Korb aus, bevor Sie clicken, und belohnen und loben Sie sie dort ausgiebig. Das Schließen der Tür üben Sie wieder sehr langsam, zuerst nur mit Anfassen der Tür, dann mit kurzen Schließbewegungen. Wenn Sie die Tür ganz geschlossen haben, clicken Sie zunächst unmittelbar vor dem Öffnen, später auch bei geschlossener Tür. Reichen Sie ihr dann die Belohnungen durch die Lüftungsschlitze oder das Türgitter.

➤ **So geht's weiter:** Üben Sie langsam das Anheben des Korbes mit Katze, parallel können Sie auch das Tragen in einem anderen Behälter üben, z. B. einem Wäschekorb. Tragen Sie Ihre Katze im Transportkorb zu angenehmen Orten in der Wohnung, bevor Sie mit ihr erst ins Treppenhaus und dann ins Auto gehen und sie jeweils im Korb belohnen. Vor der ersten Autofahrt starten Sie zuerst nur kurz den Motor, bei weiteren Durchgängen lassen Sie ihn etwas länger laufen und fahren schließlich kurze, dann längere Strecken.

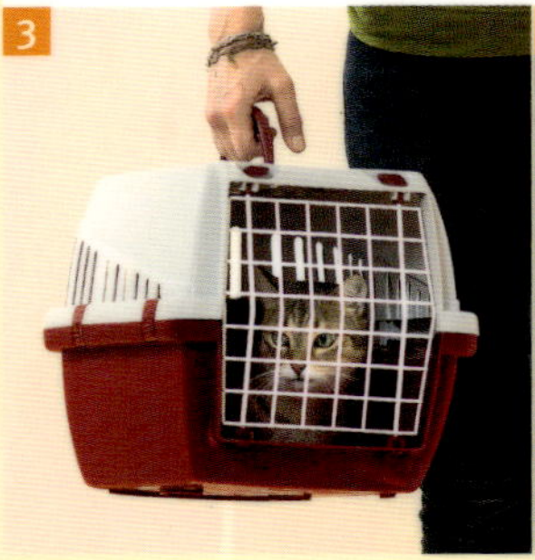

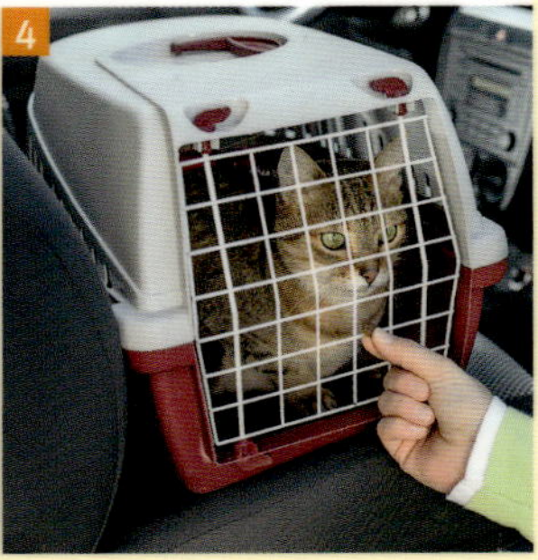

Ratgeber, S. 8, 21/22

12 | Katzenklappen-Training

➤ **Ziel:** Ihre Katze geht durch eine Katzenklappe.
➤ **Vorbereitung:** Die meisten Katzen lernen ihre eigene Tür schnell zu schätzen, wenn Sie die normalerweise integrierte Pendeltür vorerst entfernen und ihr dadurch einen offenen Durchgang anbieten. Alternativ können Sie die Tür auch mit einem Klebeband offen befestigen oder mit einem Seil hochbinden. Nach einigen Tagen oder Wochen, abhängig vom Gebrauch, lassen Sie die Pendeltür wieder hängen. Energische Katzen fordern den Durchgang ein und bearbeiten die Tür so lange, bis sie aufgeht. Mit der vorsichtigen Katze üben Sie die Benutzung mit dem Clicker. Trainieren Sie Ihre Katze zunächst auf einen Haftzettel als Nasentarget (→ Karte 1). Kleben Sie den Zettel auf ein Stück Pappe, dessen umgeknicktes Ende Sie auf einem Stuhl mit einem Buch o. ä. beschweren, sodass das längere Pappenteil samt Zettel zwischen den Stuhlbeinen hängt. Verstärken Sie das Berühren des Zettels mit der Nase, Ihre Katze soll auch gegen die Pappe stupsen. Anschließend verstärken Sie zunehmend festere Berührungen

1

2

Katzenklappen-Training

3

des Zettels, die Sie an der Bewegung der Pappe erkennen können.

➤ **Anfänge:** Stupst Ihre Katze zielstrebig und fest mit der Nase gegen den Haftzettel und schiebt die Pappe beim Durchgehen hoch, so verlagern Sie den Übungsort zur Katzenklappe. Kleben Sie den Haftzettel möglichst weit unten an die Pendeltür, ggf. einen weiteren außen als Ansatzpunkt zum Hineingehen. Als Hilfestellung können Sie Ihre Katze wenige Male mit dem bekannten Targetstab auf den Zettel aufmerksam machen. Clicken Sie zunächst auch für leichte Berührungen, selbst wenn die Klappe nicht direkt aufgeht, verlangen Sie aber rasch ein festeres Drücken. Sobald Ihre Katze die Klappe einen kleinen Spalt weit öffnet, clicken Sie und werfen das Futter nach draußen – wahrscheinlich werden Sie sie dafür einige Male selbst wieder aufmachen und ein wenig aufhalten müssen. Üben Sie das Hinein- und Hinausgehen gründlich, locken Sie sie mit ihrem Lieblingsspielzeug, wenn sie auf der anderen Seite der Katzentür steht.

➤ **So geht's weiter:** Schneiden Sie nun den Haftzettel im Laufe mehrerer Tage immer kleiner, befestigen Sie ihn aber jeweils möglichst weit unten an der Pendeltür, bevor Sie ihn ganz weglassen. Ein Signalwort ist bei dieser Übung nicht erforderlich, da die Katze die Tür bei Bedarf bedienen soll.

Ratgeber, S. 21/22, 31

13 | Geschirr- und Leinen-Training

➤ **Ziel:** Ihre Katze lässt sich ein Brustgeschirr anlegen und an der Leine spazieren führen. Geschirr und Leine dienen hauptsächlich der Sicherheit, die Katze soll an lockerer Leine mitgehen.
➤ **Vorbereitung:** Nehmen Sie nur das Halsband, schließen Sie es in der weitest möglichen Einstellung und halten Sie es vor Ihre Katze. Verstärken Sie jede Annäherung. Damit sie ihren Kopf durch das Halsband steckt, können Sie das Nasentarget einsetzen, das Sie auf die andere Seite halten. Clicken Sie auch, während das Halsband erstmals den Hals der Katze berührt, und entfernen Sie es vor dem Füttern. Zeigt sie keine Angst, lassen Sie das Halsband hängen und belohnen mehrmals, allerdings nicht mehr nach dem Ausziehen. Bringen Sie das Halsband auf die gewünschte Größe. Trainieren Sie Anlegen und Tragen des Bauchgurtes ähnlich, bevor Sie Ihrer Katze das ganze Geschirr anlegen. Belohnen Sie sie mit ihrem Lieblingsspiel, während sie es trägt.
➤ **Anfänge:** Üben Sie das Mitgehen (→ Karte 10 vorn) zuerst in der Wohnung, auch mit Leine, erst ohne,

1

Geschirr- und Leinen-Training

2

3

dann mit Ablenkungen. Gewöhnen Sie sie auch an einen leichten Zug an der Leine, da es unweigerlich dazu kommen wird. Dazu nehmen Sie die Leine leicht an, geben wieder nach, rufen die Katze zu sich und belohnen sie. Verlängern Sie die Dauer des leichten Zugs und rufen Sie Ihre Katze schon beim Annehmen der Leine, bis sie sich nähert, wenn sie Druck am Geschirr spürt. Gewöhnen Sie Ihre Katze langsam an die Außenwelt. Machen Sie erste Spaziergänge in ruhiger Umgebung und in der Dämmerung, dann fühlt sie sich sicherer. Sagen Sie stets das „Mitgeh"-Wort und belohnen Sie sie häufig.

➤ **So geht's weiter:** Eigenständiges Spazierengehen, bei dem Sie der Katze folgen (→ Karte 10 hinten), ist nur unter günstigen Bedingungen möglich. Soll Ihre Katze etwa den Garten mit Ihnen an der Leine erkunden, sagen Sie ihr das Auflösesignal zum Beenden des Mitgehens („OK"). Tragen Sie Ihre Katze von bedrohlichen Situationen fort. So verknüpft sie Ihren Arm mit sicherer Entspannung und lässt sich bei Gefahr hochheben.

Ratgeber, S. 12, 22/23

14 | Kratzbaum benutzen

➤ **Ziel:** Ihre Katze wetzt ihre Krallen am Kratzbaum statt an Ihren Möbeln.

➤ **Hintergrund:** Katzen lieben Kratzmöbel; besonders senkrechte Kratzbäume oder liegende Bretter sind beliebt. Manche Katzen begnügen sich mit einem einzigen Kratzmöbel, andere verlangen mehrere.

➤ **Vorsorgen:** Verhindern Sie durch glatte Platten oder eine außen mit doppelseitiger Klebefolie präparierte Plane, dass die Katze die unerwünschte Kratzstelle benutzt. Stellen Sie ein Kratzmöbel in die Nähe der zerkratzten Einrichtung.

➤ **Anfänge:** Locken Sie Ihre Katze z. B. mit einer Spielangel an ihre Kratzgelegenheit und reizen Sie sie wiederholt zum Fangen an oder auf ihr Kratzmöbel. Unsichere Katzen können Sie mit Click und Leckerli für jede Berührung, jedes Besteigen und Kratzen belohnen. Achten Sie v. a. auf die Zeit nach dem Fressen, Aufstehen sowie vor dem Spielen.

➤ **So geht's weiter:** Bieten Sie Ihrer Katze als Belohnung für das Benutzen des Kratzbaums ein tolles Spiel an, zuerst noch häufig, aber auch später möglichst einmal täglich.

1

Klingel benutzen

2

➤ **Ziel:** Die Katze bedient eine Glocke, wenn sie ins Haus gelassen werden möchte.

➤ **Hintergrund:** Der kontrollierte Aus- und Eingang durch die Haustür hat Vor-, aber auch Nachteile, beispielsweise dass Ihre Katze sich für diesen Service in irgendeiner Weise bemerkbar machen muss. Eine Alternative zum Kratzen an der Tür und zu Alarm-Trittmatten, die jeden Gast ankündigen, bietet ein Glöckchen, das nur Ihre Katze bedient.

➤ **Anfänge:** Wählen Sie eine Glocke, die Sie auch von draußen in der Wohnung hören können, und hängen Sie sie beispielsweise an der Querstrebe eines Stuhles auf. Bei einer lauten Glocke umhüllen Sie den Schwengel mit einem Stück Stoff, damit die Katze nicht durch das Geräusch erschrickt. Verstärken Sie jede Annäherung an die Glocke und Berührungen, zunächst auch Schnuppern, dann nur noch Pfotenberührungen, die Sie zu einem kräftigen Schlagen formen. Ersetzen Sie den Stoff um den Schwengel durch ein dünneres Papiertuch, das Sie nach Gewöhnung an den Klang entfernen. Bringen Sie die Glocke dann vor der Tür an, ggf. an der Stelle früherer Kratzstellen, und üben Sie die Bedienung dort.

➤ **So geht's weiter:** Ignorieren Sie in Zukunft Kratzen an der Tür und reagieren Sie schnell auf das Läuten der Glocke – jedoch nur mit Öffnen der Tür, nicht mehr mit Füttern.

Ratgeber, S. 40/41

Tischmanieren

zu stehlen, verhindern Sie einen Erfolg möglichst sachlich. Denken Sie daran, dass Sie ihr dieses Verhalten beigebracht haben! Lederhosen oder dicke Decken schützen Ihre Beine, eine feste Jacke Ihre Arme vor Kratzern. Verhindern Sie das Springen auf den Tisch, indem Sie vor dem Absprung den Zugang mit Ihrer vorgehaltenen Handfläche blockieren. Ist sie doch dort gelandet, schieben Sie sie sanft aber zügig wieder hinunter und belohnen sie sofort auf dem Boden. Bei einer sehr aktiven Katze verstärken Sie zuerst, dass sie nicht hinaufspringt. Erst anschließend trainieren Sie weitere Kriterien, etwa das Sitzen, dann Sitzen ohne Maunzen, und formen dann die Dauer des ruhigen Nichtstuns.

Variante: Warten auf einen Trick

Bringen Sie Ihrer Katze einige einfache Tricks bei, z. B. „High Five" (→ Karte 22) und „Männchen" (→ Karte 24). Trainieren Sie sie auf einen Platz in der Nähe von Anrichte und/oder Esstisch (→ Karte 2 hinten) und fragen Sie die Übung dort mehrmals hintereinander ab. Belohnen Sie sie zu Essenszeiten nur noch für diese oder andere Tricks, die Sie zunächst häufig, später seltener einsetzen.

➤ **So geht's weiter:** Fragen Sie den Trick nur ab, wenn Ihre Katze ruhig sitzt, zuerst oft, dann mit etwas längeren Pausen dazwischen. Sie können die Futterbelohnung auch werfen und von der Katze „erjagen" lassen.

2

GU

Ratgeber, S. 40/41

15 | Tischmanieren

1

➤ **Ziel:** Ihre Katze verhält sich ruhig, während Sie selbst essen oder auch Essen vorbereiten.

➤ **Hintergrund:** Viele Katzen bekommen Leckereien vom Tisch oder bei der Essenszubereitung, v. a., wenn sie sich putzig verhalten. Sind die Erwartungen der Katze einmal geweckt, fordert sie diese Zuwendungen auch heftiger ein, z. B. durch Kratzen. Achten Sie daher immer auf das Verhalten Ihrer Katze, bevor Sie sie belohnen, um solche unerwünschten Aktionen zu verhindern.

➤ **Anfänge:** Füttern Sie Ihre Katze, bevor Sie essen. Die Katze ist dann nicht mehr hungrig und Sie können beruhigt mit ihr üben. Ignorieren Sie jedes unerwünschte Betteln. Warten Sie mit Clicken und Füttern, bis Ihre Katze ca. 3 Sekunden lang ruhig ist. Nach einigen Wiederholungen dehnen Sie die Dauer des ruhigen Abwartens bis zur Verstärkung aus. Wenn die Versuchung zu groß ist, etwa der Essensgeruch zu gut, wird Ihre Katze schnell wieder mit Betteln beginnen – insbesondere, wenn sie schon lange bettelt und Sie schon lange das Ignorieren versucht, aber nicht durchgehalten haben. Dann müssen Sie ruhiges Sitzen sehr häufig belohnen. Versucht Ihre Katze, an Ihnen hochzuklettern oder das Essen

16 | Fellpflege

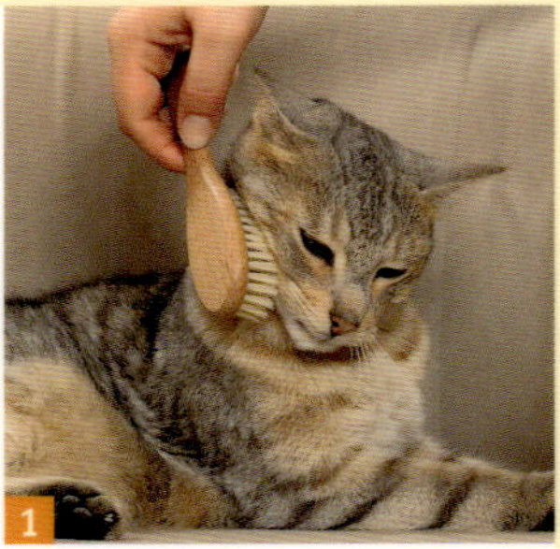
1

➤ **Ziel:** Ihre Katze lässt sich bürsten und kämmen.

➤ **Hintergrund:** Nach schlechten Erfahrungen der Katze ist ein systematisches Training nötig, damit sie bei der Fellpflege ruhig bleibt.

➤ **Anfänge:** Üben Sie mit der Katze, wenn sie nicht aktiv ist. Mit einer Langhaarkatze starten Sie die Übungen nach einer Schur, dann ist das Bürsten schmerzfrei. Kaufen Sie eine weiche und anders als die übliche aussehende Bürste, üben Sie an einem anderen Platz und zu anderer Zeit. Streicheln Sie Ihre Katze, heben Sie mit der anderen Hand kurz die Bürste hoch, clicken, legen die Bürste wieder weg und füttern. Halten Sie die Bürste nun länger in der Hand, dann dichter an die Katze. Clicken und belohnen Sie sie für ruhiges Liegen. Jetzt streichen Sie zwischen dem Streicheln einmal mit der Rückseite der Bürste sanft über den Nacken. Verstärken Sie jede Berührung der Bürste. Streichen Sie dann mit der Bürstenseite über ihr Fell. Beziehen Sie nun Kopf und Rücken ein. Das Bürsten am Bauch und anderen empfindlichen Stellen üben Sie sehr vorsichtig. Schleichen Sie die Verstärkungen während des Bürstens aus (→ Buch Seite 30), belohnen Sie sie aber großzügig am Ende der zuerst kurzen Pflegezeit. Toleriert Ihre Katze das Bürsten, können Sie einen Kamm einführen, den Sie zuerst zwischen einigen Bürstenstrichen einsetzen.

Fremdkörper aus dem Fell entfernen

➤ **Ziel:** Sie können Ihrer Katze ohne Gegenwehr eine Zecke aus der Haut ziehen oder Kletten entfernen.
➤ **Anfänge:** Streicheln Sie langsam Ihre liegende Katze. Zwischendurch kraulen Sie eine kleine Fellpartie mit den Fingerspitzen, v. a. im Hals- und Nackenbereich dulden die meisten Katzen dies gerne. Falls sie ängstlich reagiert, verstärken Sie mit dem Clicker das Tolerieren jedes intensiven, kurzen Kraulens, spätestens aber jedes Scheiteln der Haare mit den Fingern beider Hände. Üben Sie auch das geduldige Abwarten Ihrer Katze, wenn Sie sich dabei dicht über sie beugen. Ziehen Sie nun nach dem Scheiteln kurz und vorsichtig an einer Haarsträhne: Clicken und füttern Sie sofort. Nehmen Sie eine Zeckenzange oder einen -haken mit in die Hand und nähern Sie sich damit der Katze, bevor Sie eine Behandlung simulieren. Sie darf daran schnuppern, aber nicht damit spielen. Sobald sie die Pflegemaßnahmen problemlos toleriert, führen Sie ein Signalwort ein. Im „Ernstfall“ kraulen Sie Ihre Katze auch ausgiebig an den behandelten Stellen.

2

GU

Ratgeber, S. 30, 31

17 Medizinisches Training

➤ **Ziel:** Ihre Katze lässt sich für Kontroll- und Pflegemaßnahmen ohne Widerstand anfassen und untersuchen.

➤ **Hintergrund:** Je besser Sie das Festhalten und wichtige Griffe üben, desto entspannter bleibt Ihre Katze bei einem Tierarztbesuch. Auch das Transportkorbtraining (→ Karte 11) ist eine hilfreiche Vorbereitung.

➤ **Vorstellen:** Üben Sie mit Ihrer Katze das ruhige Verharren auf einem Tisch und sich dort festhalten zu lassen. Dafür gestalten Sie ihn, etwa mit einer Decke, gemütlich, und verstärken erst kurzes, dann längeres Warten, in Verbindung mit erst kurzen, dann längeren Berührungen. Das Signalwort, z. B. „Ruhe", können Sie schon früh einsetzen, wenn die Katze wahrscheinlich stillhalten wird. Ein Target hilft ebenfalls, die Katze auf einem Platz zu halten.

➤ **Krallen schneiden:** Verstärken Sie bei der liegenden Katze das Tolerieren von Berührungen nacheinander an Ober-, Unterarm und Pfote, anschließend längeres Halten der Pfote und schließlich das Herausdrücken je einer Kralle. Clicken Sie bevorzugt, wenn sie ihr Bein vorstreckt, nicht wenn sie es zurückzieht. Üben Sie das Bewegen jeder Kralle mit Ihren Fingernägeln, bevor Sie die Krallenschere nähern, unter ihre Pfote halten, öffnen und schließen. Führen Sie dieselben Übungen mit den Hinterbeinen durch – aber schneiden Sie erst, wenn es wirklich nötig ist.

1

Medizinisches Training

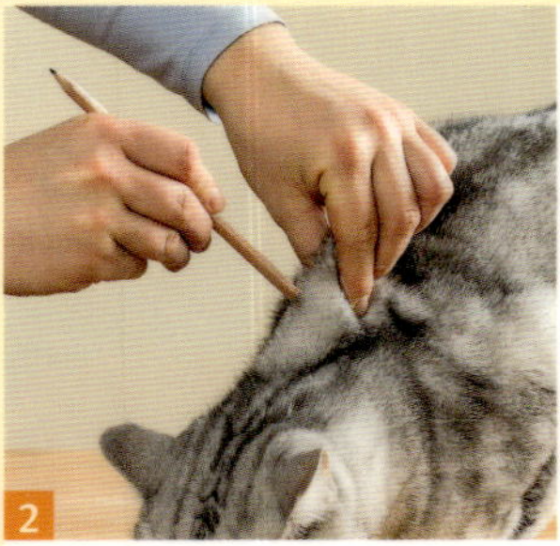

2

➤ **Wiegen:** Dirigieren Sie Ihre Katze mit einem Target auf die Waage und verstärken Sie die Verweildauer. Oft ist das Einsteigen in einen kleinen Korb o. ä. eine hilfreiche Übung. Diesen können Sie dann samt Katze kurz anheben und in späteren Durchgängen auf die Waage stellen.

➤ **Spritzen:** Subkutanes Spritzen z. B. unter die Nackenhaut üben Sie, indem Sie erst ruhiges Verhalten Ihrer Katze verstärken, wenn Sie vorsichtig eine Hautfalte zwischen die Finger nehmen. Heben Sie erst die Hautfalte an und simulieren später das Spritzen z. B. mit einem Stift, erst nur durch Hinhalten, dann mit einem Pieksen Ihres sensibleren Fingernagels. Kündigen Sie die Übung nun immer mit einem Signalwort an.

➤ **Blut entnehmen:** Als Vorübung eignet sich das „Pfötchen geben" (→ Karte 23). Verstärken Sie das festere und längere Halten der Pfote in Ihrer Hand und im Anschluss dann Berührungen ihres Unterarms mit der anderen Hand. Gehen Sie langsam vor, wenn Sie mit einem Finger auf ihren Unterarm klopfen, die Haare scheiteln, vielleicht auch vorsichtig schneiden. Nehmen Sie nun einen Stift dazu, den Sie an ihr Bein halten. Toleriert sie dies, pieksen Sie wie beim Spritzen und führen ein Signalwort ein. Üben Sie dies anschließend mit einer zweiten Person, während Sie Ihre Katze halten.

Ratgeber, S. 31

18 | Besucher tolerieren

1

➤ **Ziel:** Ihre Katze versteckt sich nicht vor Gästen.

➤ **Anfänge:** Trainieren Sie mit Ihrer Katze im Wohnraum und in ihrem Versteck einige einfache Übungen. Laden Sie zur Trainingszeit einen ruhigen Gast ein, den Sie auf einen Platz bitten, der vom Trainingsort entfernt, aber für die Katze sichtbar ist. Fragen Sie bei Ihrer Katze die Übungen ab. Traut sie sich nicht ins Wohnzimmer, üben Sie im Nebenraum und nähern sich langsam Wohnraum und Besucher. Wenn die Katze gut mitspielt, darf der Besucher sich bewegen – zuerst nur wenig. Bis sie auch sein Aufstehen während des Clickerns ignoriert, bringen Sie Ihre Katze in den Nebenraum, bevor der Gast geht.

➤ **So geht's weiter:** Überlassen Sie Ihrem Gast die Futterbelohnungen, die er der Katze nach Ihren Clicks zuwirft oder reicht.

TIPP:

Die Angst vor der Klingel nehmen Sie Ihrer Katze, indem Sie oft schellen, z. B. wenn Sie heimkommen oder zwischendurch die Wohnung verlassen. Dadurch verliert der Ton seine schlimme Bedeutung.

Hund akzeptieren

➤ **Ziel:** Ihre Katze flieht nicht vor Ihrem neuen Hund und greift ihn nicht an.
➤ **Hintergrund:** Im Idealfall haben beide noch keine schlechten Erfahrungen mit der anderen Art gemacht.
➤ **Anfänge:** Verhindern Sie Angriff und Flucht beider Parteien, z. B. durch Anleinen des Hundes oder eine Tür aus Maschendraht. Eine weitere Person, die sich mit dem Hund beschäftigt, ist hilfreich. Füttern Sie den Hund in einer Entfernung zur Katze, in der beide ruhig bleiben. Gleichzeitig bieten Sie Ihrer Katze einfache Clickerübungen an. Achten Sie darauf, dass keiner den anderen anstarrt, unterbrechen Sie solche Drohungen sofort. Gleichzeitiges Clickern mit beiden Tieren beschleunigt das Training. Üben Sie in unterschiedlichen Entfernungen, wechseln Sie auch die Orte, damit beide sich in der ganzen Wohnung akzeptieren. Dabei verstärken Sie beim ängstlichen Partner die Annäherung, beim „angriffslustigen" das Wegschauen und Desinteresse. Trennen Sie beide während Ihrer Abwesenheit, bis Sie sicher sind, dass sie friedlich miteinander umgehen.

2

G|U

Ratgeber, S. 34, 41

19 | Maunzen

➤ **Ziel:** Ihre Katze maunzt nach Aufforderung.

➤ **Hintergrund:** Das Maunzen auf „Kommando“ kann ein lustiger Trick sein, aber auch nützlich, wenn Sie Ihre vermisste Katze suchen.

➤ **Anfänge:** Wenn Ihre Katze gelegentlich maunzt, halten Sie in diesen Situationen Clicker und Futter bereit; verstärken Sie jeden Ton, sobald Sie ihn hören.

Die Übung ist leicht, wenn Ihre Katze gerne vor dem Füttern maunzt. Halten Sie den Napf in der Hand und warten Sie. Auf die jeweils ersten Maunzer und Clicks lassen Sie nur ein Häppchen folgen, nach einigen Wiederholungen bekommt sie den ganzen Napf. Setzen Sie möglichst bald ein Signalwort ein, z. B. „Sprich“, direkt bevor Ihre Katze erfahrungsgemäß laut wird. Führen Sie die Übung mit Wortsignal bei den nächsten Fütterungen durch und achten Sie darauf, Ihre Signale zu geben, bevor die Katze anfängt zu maunzen.

➤ **So geht‘s weiter:** Üben Sie das Maunzen auch an anderen Orten. Sie müssen zunächst möglichst viele Signale einsetzen, vielleicht auch den Futternapf, aber bauen Sie nicht alle ab.

1

TIPP:

Bringen Sie das Maunzen unbedingt schnell unter Signalkontrolle, um ein forderndes Maunzen Ihrer Katze außerhalb der Übung, beispielsweise nachts, wenn alle schlafen, zu vermeiden (→ Buch Seite 27).

Maunzen

2

VARIANTE: MAUNZ-STOPP
Wenn Ihre Katze maunzt, halten Sie ihr ein Leckerli hin, sagen ein Signalwort, z.B. „Still“, und geben ihr das Futter. Während sie frisst, ist sie unwillkürlich ruhig. Nach wenigen Wiederholungen halten Sie ihr das Leckerli hin, sagen „Still“ und geben ihr das Futter einen Moment später direkt nach einem Click – wenn sie nicht maunzt. Zögern Sie die Verstärkung unregelmäßig hinaus, entfernen Sie sich mit dem Futter in Ihrer Hand von der Katze und verändern Sie die Bewegung zu einem Signal. Sie können sie nun mit Signalwort und Handsignal unterbrechen.

VARIANTE: DISKUSSION
Durch die Signale zum Maunzen und Maunzstopp können Sie eine „Diskussion“ mit Ihrer Katze üben oder ein „Quiz“. So lassen sich verschiedene Antworten, also Anzahl oder Tonlagen der Maunzer, nacheinander formen und an eine kurze Frage oder besondere Geste binden. Auffällige Gesten lernt Ihre Katze schnell und ebenfalls ihre Veränderung zu unauffälligeren Signalen.

Ratgeber, S. 8, 28

20 | Putzen

➤ **Ziel:** Ihre Katze leckt auf ein Signal hin sich selbst, einen Artgenossen oder einen Menschen ab. Die Übung kann auch zur Entspannung (→ Karte 5) eingesetzt werden.

➤ **Anfänge:** Körperpflege ist eine selbstbelohnende Verhaltensweise. Sie können ein „Kommando" dafür auch einüben, indem Sie es häufig unmittelbar vor und während des Putzens aussprechen. Etwas schneller geht das Training mithilfe eines unwillkürlich wirksamen Signals, z. B. ein wenig einer auf Schulter oder Vorderbein aufgebrachten Leckerli-Paste, die das Putzen auslöst. Schmieren Sie also zeitgleich mit dem Signalwort etwas Paste auf ihr Bein und clicken Sie, wenn Ihre Katze sich dem Fleck zuwendet. Die Paste ist die Belohnung. Im Laufe der Wiederholungen deuten Sie das Aufbringen nur noch an. Als Belohnung lassen Sie

1

Ihre Katze die Paste von der Tube lecken.

➤ **So geht's weiter:** Halten Sie der Katze Ihren mit einer leckeren Paste dünn bedeckten Finger hin und geben Sie ihr das Signalwort. Will sie zubeißen, ziehen Sie den Finger fort, präsentieren ihn aber schnell wieder mit dem Signalwort. Die Leckerli-Paste verwenden Sie auch vorübergehend zum „Putztraining" eines befreundeten Artgenossen. Fordern Sie die Katze nur dann zu diesem „Putz-Service" auf, wenn sich der Empfänger auch friedlich verhalten wird.

Nasenkuss

➤ **Ziel:** Die Katze begrüßt Sie mit einem „Nasenkuss".
➤ **Hintergrund:** Der Nasen-Kontakt dient dem Kennenlernen und der Begrüßung von Freunden. Gegenüber Menschen gut sozialisierte Katzen setzen diese Form der Kontaktaufnahme auch häufig bei „ihren" Menschen ein. Voraussetzung für diese Übung ist, dass Ihre Katze keine Angst vor Ihnen hat.
➤ **Anfänge:** Üben Sie, wenn Ihre Katze nicht spielen, sondern lieber mit Ihnen schmusen möchte. Positionieren Sie sich und Ihre Katze etwa auf gleicher Augenhöhe. Zur Beschwichtigung blinzeln Sie ihr schon aus 1–2 Meter Entfernung mehrmals deutlich zu und halten Ihre Augenlider im Schlafzimmerblick. Nähern Sie Ihre Nasenspitze dem Kopf der Katze. Wenn sie mit Annäherung und Nasenstubser antwortet, clicken und belohnen Sie. Als Anregung können Sie sehr wenig einer Leckerlipaste auf Ihre Nasenspitze geben und sich nähern. Sagen Sie ein Signalwort und verstärken Sie ihr Schnuppern. Ignorieren Sie das Ablecken Ihrer Nase und versuchen Sie es erneut mit weniger „Geschmack".

2

GU

Ratgeber, S. 37, 38

21 | Strecken

1

2

➤ **Ziel:** Ihre Katze streckt und dehnt ihren Körper auf ein Signalwort hin.

➤ **Anfänge:** Für diese Übung brauchen Sie viel Geduld und Voraussicht, denn das Strecken fangen Sie am besten ein, wenn Ihre Katze sich z. B. nach dem Ruhen dadurch auflockert. Dies kommt mehrmals täglich, insgesamt aber nicht sehr häufig vor. Halten Sie Clicker und Leckerli bereit, wenn Ihre Katze aufwacht, und clicken Sie, während sie ihre zweite Vorderpfote nach vorne streckt. Die Bewegung läuft fast immer vollständig ab, trotzdem verstärken Sie erst das Strecken der Vorderbeine, dann das der Hinterbeine, damit Ihre Katze auch auf „Kommando" alle Sequenzen zeigt. Hat Ihre Katze die Umgebung längere Zeit ruhend beobachtet, können Sie sie auch mit einem Target von ihrem Platz locken. Sie wird ihren Körper nun wahrscheinlich dehnen und Sie können es einfangen. Wenn Ihre Katze den Zusammenhang zwischen dieser Bewegung und der Verstärkung erkennt, wird sie sich häufiger strecken und Sie können ein Signalwort einführen.

Rollen

3

➤ **Ziel:** Die Katze rollt über ihren Rücken auf die andere Körperseite.

➤ **Training durch Einfangen:** Entspannte Katzen wälzen sich gerne auf dem Boden. Verstärken Sie diese Bewegung mehrmals und führen Sie ein Signal ein.

➤ **Training durch Locken:** Reizen Sie Ihre Katze zur Rolle, indem Sie der liegenden Katze z. B. ein Seil vor die Vorderpfoten halten und – wenn sie danach angelt – hinter ihren Rücken ziehen. Nehmen Sie das Seil immer mehr zurück und formen Sie dabei die Lockbewegung zu einem Handsignal.

➤ **So geht's weiter:** Fordern Sie Ihre Katze schrittweise zu mehreren Rollen hintereinander auf und führen Sie dafür ein anderes Wortsignal ein. Beenden Sie diese Übung immer mit einem Abbruchsignal. Beim „Loop" formen Sie die Geschwindigkeit einer Rolle, die Katze landet zum Schluss auf den Füßen.

VARIANTE: RÜCKENLAGE

Liegt Ihre Katze gelegentlich gern auf dem Rücken, können Sie diese Position einfangen, indem Sie ein Signalwort sagen und ihr Verhalten dann verstärken.

Ratgeber, S. 20/21

22 | High Five (Hand-Pfoten-Schlag)

1

➤ **Ziel:** Die Katze schlägt eine Vorderpfote gegen Ihre erhobene Handfläche.
➤ **Anfänge:** Bitten Sie Ihre Katze auf einen erhöhten Platz, sodass sie sich auf Augenhöhe vor Ihnen befindet. Zeigen Sie ihr ein Leckerli und ziehen Sie es nicht zu schnell vor ihr in die Höhe. Wenn Sie eine Pfote bevorzugen, bewegen Sie Ihre Hand von dieser aus diagonal nach oben. Pfötelt sie danach, clicken Sie und geben ihr das Futter. Zu Beginn clicken Sie, sobald sie ihre Pfote nur entlastet oder wenige Millimeter hebt. Nach einigen Wiederholungen verstärken Sie bevorzugt ein höheres Heben. Schon bald heben Sie Ihre leere Hand, verändern dabei schrittweise die Handbewegung zum späteren Signal – Handfläche vor der Katze – und nehmen das Leckerli erst nach dem Click auf. Formen Sie die Pfotenbewegung bis auf die Höhe Ihrer Hand etwa auf Kopfhöhe der Katze. Die meisten Katzen berühren die Hand dann spontan, Sie können aber auch selbst vorsichtig „einschlagen" – und sofort verstärken. Führen Sie ein Signalwort vor der Handbewegung ein.
➤ **So geht's weiter:** Üben Sie den Hand-Pfoten-Schlag auch auf anderen Plätzen, in anderen Zimmern und zu anderen Tageszeiten.

Doppelpfotenschlag

➤ **Ziel:** Ihre Katze hebt beide Vorderpfoten und berührt damit Ihre Handfläche.

➤ **Training mit „High Five":** Bieten Sie Ihrer Katze das „High Five" nur mit Handzeichen. Halten Sie die Hand etwas höher als üblich. Clicken Sie, wenn sie sich emporreckt, um Ihre Hand zu erreichen. Durch schrittweises Höherhalten Ihrer Hand formen Sie das Aufrichten auf den Hinterpfoten. Verstärken Sie das Berühren Ihrer Hand mit beiden Pfoten und geben Sie ein neues Signalwort.

➤ **Training mit Target:** Bieten Sie Ihrer Katze zunächst Ihre Hand als Stütze für ihre Vorderpfoten, tippen Sie mit dem bekannten Nasentarget darauf und halten Sie es dann über ihren Kopf. Verstärken Sie ihre Berührung des Target und bringen Sie Ihre Hand schrittweise auf die gewünschte Höhe. Nach einigen Wiederholungen führen Sie das Signalwort ein und verwenden das Target nur noch andeutungsweise, bevor Sie es ganz weglassen.

VARIANTE: „MACH SCHÖN"
Geben Sie kein Signalwort und entfernen Sie sich mit Ihrem Handsignal immer weiter nach oben. Verstärken Sie das Aufrichten Ihrer Katze und das Zusammenhalten der Vorderpfoten zu einem „Mach schön", das dem Beten ähnlich sieht.

2

GU

Ratgeber, S. 15/16, 21

23 | Pfötchen geben

➤ **Ziel:** Ihre Katze legt eine Vorderpfote in Ihre ausgestreckte Hand.

➤ **Anfänge:** Setzen Sie sich vor Ihre Katze, legen Sie ein Leckerli auf Ihre Hand und halten Sie es ihr hin. Eines darf sie mit dem Mund aufnehmen, die nächsten verdecken Sie kurzzeitig mit Ihrem Daumen, wenn sie wieder fressen will. Warten Sie auf eine Bewegung ihrer Pfote, mit der sie nach dem Leckerli angelt, clicken Sie und belohnen Sie sie aus der anderen Hand. Formen Sie die Bewegung zu einem Aufsetzen der Pfote auf Ihre Handfläche. Wenn Ihre Katze ihre Pfote beim Anblick der Handfläche hebt, nehmen Sie kein Futter mehr zum Locken. Verlängern Sie die Pfotenberührung durch Hinauszögern der Verstärkungen, clicken Sie aber unbedingt, bevor sie die Pfote wieder anhebt oder zurückzieht. Bei sicherer Ausführung führen Sie ein Wortsignal ein.

➤ **So geht's weiter:** Bewegen Sie Ihre Hand samt Katzenpfote leicht nach unten und clicken Sie, wenn die Pfote liegen bleibt. Der schrittweise Ausbau solcher Bewegungen führt zum „Händeschütteln".

1

Winken

2

➤ **Ziel:** Die Katze hebt eine Vorderpfote und winkt. Diese Bewegung entspricht der klassischen „Ohrfeige“ der Katze mit der Pfote.

➤ **Training durch Formen:** Die Seitwärtsbewegung wird auch häufig zum Angeln vorgehaltener Leckerlis eingesetzt und kann auf diese Weise geübt werden: Bitten Sie Ihre Katze auf einen erhöhten Platz und halten Sie ihr ein Leckerli hin, das sie gerade nicht erreichen kann. Wahrscheinlich wird Ihre Katze direkt einen kompletten Pfotenschlag ausführen, den Sie dann verstärken. Bei weniger intensiver Bewegung clicken Sie, sobald Ihre Katze eine Pfote hebt und fordern anschließend schrittweise ein höheres Anheben. Schließlich formen Sie weiter ausholende Bewegungen und die gewünschte Dynamik. Dabei verstärken Sie zunächst jeden einzelnen Schlag, später wiederholte Bewegungen.

➤ **Training durch Einfangen:** Katzen, die „High Five“ (→ Karte 22) oder „Pfötchen geben“ (→ Karte 23 vorn) gelernt haben, winken oft spontan beim Betteln, da diese Bewegung einfach ist und schon oft erfolgreich verlief. Achten Sie daher darauf, den Trick schnell unter Signalkontrolle zu bringen, da Ihre Katze sonst häufig winken wird.

Ratgeber, S. 37/38

24 | Männchen

➤ **Ziel:** Ihre Katze setzt sich aufrecht auf die Hinterpfoten, hebt die Vorderbeine hoch und schlägt mit den Tatzen. Diese Verhaltensweise ist bei den meisten Katzen ein naheliegendes und beliebtes Bettelritual, wenn ein Mensch Leckerchen oberhalb ihrer Reichweite bereithält.

➤ **Anfänge:** Verstärken Sie zunächst jedes kurze Hochhüpfen mit den Vorderbeinen und formen Sie das Sitzen mit erhobenem Vorderkörper, indem Sie ein Leckerli über ihren Kopf halten. Wenn Ihre Katze gut auf das Locken reagiert, lassen Sie Ihre Hand leer und verändern Ihre Bewegungen langsam zum späteren Signal. Dabei ist ein betontes Heben der Arme mit anschließender Lockbewegung der Hände sinnvoll, letztere lassen Sie dann schrittweise wegfallen. Nach dem Aufrichten verstärken Sie die Bewegungen der Vorderpfoten, gegebenenfalls unterstützt durch erneutes Locken. Anschließend üben Sie die Dauer des Tricks durch Hinauszögern der Verstärkungen. Achten Sie immer darauf zu clicken, bevor die Katze sich wieder nach unten bewegt.

1

➤ **So geht's weiter:** Üben Sie den Trick auch auf Distanz. Kombiniert mit „Maunzen" (→ Karte 19) wirkt er löwenähnlicher.

Spin

➤ **Ziel:** Ihre Katze dreht sich im Kreis.

➤ **Training durch Einfangen:** Wenn Ihre Katze sich vor der Fütterung häufig und schnell um die eigene Achse dreht, behalten Sie bei dieser Gelegenheit den vollen Napf in Ihrer Hand. Geben Sie ihr ein Signalwort und clicken Sie nach einer Drehung. Die Belohnung kann jetzt auch ein Löffelchen Futter sein, das Sie in einen leeren Napf vor ihr geben. Nach einigen Wiederholungen erhält sie als Belohnung den Napf mit dem restlichen Futter.

➤ **Training mit Target:** Folgt Ihre Katze dem Nasentarget (→ Karte 1 hinten), dann formen Sie schrittweise eine Drehung. Bieten Sie Ihrer Katze dabei eine Orientierung, indem Sie neben ihr stehen und das Leckerli immer an derselben Stelle geben, etwa neben Ihrem Fuß. Sobald die Katze sich zügig vollständig dreht, führen Sie ein Signalwort und eine kreisende Targetbewegung über der Katze ein – dies entspricht dem späteren Handsignal –, bevor Sie den Targetstab wie gewohnt zum Führen einsetzen. Mit dieser führenden Targetbewegung starten Sie die Übung später nur noch und ziehen das Target mitten in der Bewegung nach oben fort, bis nur noch Ihre Handbewegung übrig bleibt.

➤ **So geht's weiter:** Formen Sie durch Weglassen einzelner Verstärkungen wiederholte Spins, die Sie immer mit einem Auflösesignal oder Click beenden.

GU

Ratgeber, S. 22/23, 25

25 | Hochspringen

1

2

➤ **Ziel:** Ihre Katze springt auf einen beliebigen erhöhten Platz, den Sie ihr anzeigen. Dies ist gleichzeitig eine gute Vertrauensübung.

➤ **Anfänge:** Locken Sie Ihre Katze mit dem Nasentarget (→ Karte 1) zu einem niedrigen Hocker. Tippen Sie mit dem Target darauf und halten es etwas höher, sodass sie es mit der Nase berühren kann, wenn sie mit den Vorderbeinen auf dem Hocker steht. Verstärken Sie diesen Schritt einige Male, dann halten Sie das Target so hoch über den Hocker, dass sie es sehen kann, beim Hochspringen aber nicht dagegenstößt. Wiederholen Sie diese Übung mit einem anderen niedrigen Möbel und führen Sie ein Signalwort ein. Üben Sie nun mit Ihrer Katze an verschiedenen Plätzen, auf die sie gefahrlos springen kann. Achten Sie auf gute Stand- und Rutschfestigkeit aller Podeste und Oberflächen.

➤ **So geht‘s weiter:** Verwenden Sie Ihren Zeigefinger als Nasentarget und verringern Sie den Einsatz schrittweise. Formen Sie das Tippen zu einem Klopfen mit der Hand, die Sie anschließend hoch über das Möbel halten.

Schultersprung

➤ **Ziel:** Ihre Katze springt auf Ihren gebückten Rücken oder Ihre Schulter. Die Sprunghöhe sollten Sie an die Sprungkraft Ihrer Katze anpassen.

➤ **Anfänge:** Setzen Sie Ihre Katze auf einen Platz, der sich etwa auf Ihrer Hüfthöhe befindet, neben einem großen Spiegel. Direkt daneben bücken Sie sich mit möglichst geradem Rücken. Schauen Sie in Richtung Spiegel, zeigen Sie mit dem Nasentarget auf Ihre Schulter und geben der Katze das Signal zum Berühren des Targets. Beobachten Sie die Reaktionen Ihrer Katze im Spiegel. Verstärken Sie jede Annäherung an das Target. Wenn sie mit beiden Vorderpfoten auf Ihren Rücken steigt, clicken Sie und legen das Leckerli auf Ihre Schulter. Sie können Ihre Katze jetzt auch ohne Clicks mehrmals hintereinander dort füttern. Bleibt sie dort, führen Sie sie mit dem Target wieder auf ihren Sitzplatz und wiederholen das Aufsteigen auf Ihren Rücken. Formen Sie das Aufsteigen weiter bis zu Ihrer Schulter und führen Sie ein Signalwort ein. Wenn sie sich dort sicher fühlt, richten Sie sich schrittweise immer weiter auf, bis Sie gerade stehen und Ihre Katze auf Ihrer Schulter bleibt.

3

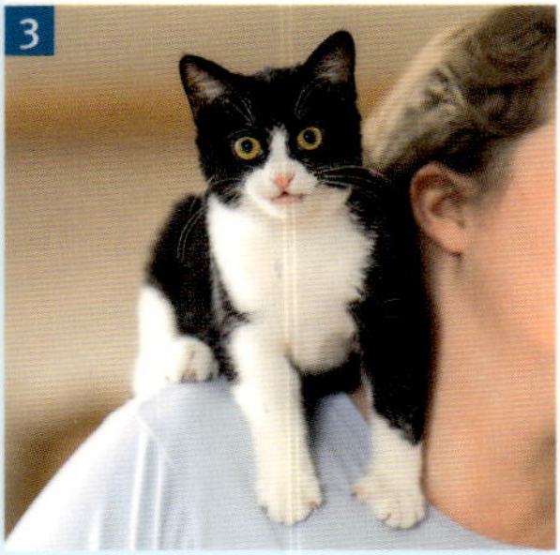

➤ **So geht's weiter:** Wenn das Aufsteigen gut klappt, fordern Sie Ihre Katze auf, aus zunehmend tieferer Position auf Ihren Rücken zu springen. Sportliche Katzen schaffen es auch vom Boden auf Ihre Schulter.

GU

Ratgeber, S. 9, 25

26 | Überspringen

➤ **Ziel:** Die Katze springt auf Kommando über Hürden.
➤ **Anfänge:** Bauen Sie ein ca. 10 cm hohes Hindernis, z. B. aus einem Besenstiel auf zwei Kissen. Sie erleichtern Ihrer Katze die Übung, wenn Sie das Hindernis mit der einen Seite dicht an eine Wand stellen. Lassen Sie Ihre Katze dem Nasentarget (→ Karte 1) folgen und führen Sie sie über den Besenstiel. Eine Targetberührung ist nicht nötig. Clicken Sie, wenn Ihre Katze gerade über den Stecken steigt. Wiederholen Sie die Übung, bis Ihre Katze das Hindernis ohne Zögern überwindet, und bauen Sie es dann so hoch, dass sie springen muss. Führen Sie ein Signalwort ein, das Sie zuerst geben, während sich Ihre Katze dem Hindernis schon nähert, dann früher, gleichzeitig mit dem Targeteinsatz. Zeigen Sie das Target erst zum Folgen, entfernen Sie es dann immer früher, bis Sie nur noch auf das Hindernis deuten.
➤ **So geht's weiter:** Lassen Sie Ihre Katze über Ihren ausgestreckten Arm oder Ihre Beine springen. Helfen Sie ihr mit dem Zeigefinger als Target und einer Begrenzung, z. B. eine Wand.

1

Sprung durch den Reifen

➤ **Ziel:** Ihre Katze springt durch einen Reifen.
➤ **Anfänge:** Stellen Sie einen Reifen, gerne mit gepolstertem Rand, auf den Boden und verstärken Sie jede Annäherung Ihrer Katze. Das Gehen durch den Reifen können Sie frei formen oder sie mit dem Target führen. Clicken Sie, während sie durchsteigt. Wenn Ihre Katze den Reifen mehrmals sicher durchquert hat, halten Sie ihn schrittweise höher, bis sie springen muss, und führen Sie ein Signalwort ein. Bauen Sie den Targeteinsatz wie beim Überspringen langsam ab.
➤ **So geht's weiter:** Üben Sie den Reifensprung auch an anderen Orten und zwischen zwei Podesten. Halten Sie den Reifen dabei unbedingt in die Flugbahn der Katze. In einer einfachen Variante lassen Sie Ihre Katze über Ihre zwischen den gespreizten Beinen auf Wadenhöhe gefalteten Hände springen.

2

VARIANTE: SPRUNG DURCH DEN GESCHLOSSENEN REIFEN
Kleben Sie ein Ende eines Papierstreifens an den oberen Reifenrand und lassen Sie die Katze dann durchspringen. Befestigen Sie immer mehr Streifen, bis ein Vorhang entsteht, durch den Ihre Katze springt. Kleben Sie nun die äußeren Streifen unten am Reifen fest, anschließend auch die inneren Streifen, aber lassen Sie vorläufig innen eine schmale Öffnung. Bespannen Sie dann den Reifen mit einer Papierserviette o. ä., zunächst mit einem Loch in der Mitte, dann ohne.

G|U

Ratgeber, S. 25

27 | Balancieren

1

2

➤ **Ziel:** Ihre Katze balanciert über eine Latte.

➤ **Anfänge:** Legen Sie die Enden einer ca. 6–10 cm breiten Latte auf zwei Stühle. Führen Sie Ihre Katze mit dem Nasentarget (→ Karte 1) von einem Stuhl auf die Latte und clicken Sie, sobald sie eine Pfote daraufsetzt. Füttern Sie sie auf dem Start-Stuhl. Ist Ihre Katze mit allen Pfoten auf der Latte, führen Sie sie darüber und clicken, bevor sie am Ziel ankommt. Füttern Sie dort. Läuft Ihre Katze sicher über die Latte, führen Sie ein Signalwort ein und entfernen das Target schrittweise, bis Sie das Hindernis nur noch anzeigen.

Variante: Balancieren über Pfosten

Start- und Zielpunkt ist je ein niedriges Podest, z. B. einige dicke Bücher. Zwischen beide Podeste stellen Sie einen umgedrehten Becher, locken die Katze mit Target und Signalwort mit einer Pfote auf den Becher und verstärken die Bewegung. Füttern Sie zuerst am Start, nach wenigen Clicks am Ziel. Nach und nach stellen Sie mehr Tassen dicht hintereinander, über die die Katze balancieren muss.

Wippen

➤ **Ziel:** Ihre Katze balanciert über eine Wippe. Zum Üben eignet sich ein Regalbrett, das mittig über einer Rolle Küchenkrepp liegt.
➤ **Anfänge:** Legen Sie beide Enden des Regalbretts auf den Rand je eines dünnen Kissens, sie dämpfen später die Landung und sind Start- und Zielplätze der Katze. Führen Sie Ihre Katze mit dem Target mehrmals über das Brett mit je einem Target-Stopp – Nasenberührung und Verstärkung – auf der Mitte des Brettes und auf dem Ziel. Wenn Ihre Katze gerne über das Brett läuft, legen Sie die Küchenkrepprolle unter seine Mitte. Halten Sie das Brett fest, wenn Sie Ihre Katze zur Mitte führen. Stoppen Sie sie dort mit Target, Click und Futter, senken Sie das Brett vorsichtig in Zielrichtung und clicken Sie noch einmal, wenn es auf dem Kissen „landet". Die Belohnung erhält sie immer auf dem Zielkissen, um Abkürzungen zu vermeiden.
➤ **So geht's weiter:** Wenn Ihre Katze sich sicher fühlt, führen Sie ein Signalwort ein und lockern Sie vorsichtig Ihren Griff am Brett, während die Katze langsam die Mitte überquert.

3

Ratgeber, S. 8, 10

29 | Agility

1

➤ **Ziel:** Sie führen Ihre Katze durch einen Parcours.
➤ **Hintergrund:** Richten Sie in Ihrer Wohnung einige Hindernisse und Plätze für verschiedene Übungen ein. Sinnvoll sind Podeste auf dem Boden oder Kratzbaum für Übungen wie „Männchen" (→ Karte 24 vorn) oder „Spin" (→ Karte 24 hinten) sowie als Unterlagen für eine Stange oder eine liegende, kurze Leiter zum Balancieren. Weitere Hindernisse können z. B. Reifen sein, die Sie z. B. zwischen Tischbeinen aufhängen, eine Stab- oder Flaschenreihe für einen Slalom, eine Wippe, ein Rascheltunnel, ein hängendes Glöckchen sowie Hürden z.B. aus Besenstielen oder den Rückenlehnen zweier auf der Seite liegender Stühle.
➤ **Anfänge:** Trainieren Sie jede Aufgabe einzeln und üben Sie sie sorgfältig ein, bevor Sie den Parcours mit weiteren Hindernissen aufstocken. Dann belohnen Sie Ihre Katze für jede korrekt ausgeführte Aufgabe und führen sie mit dem Target zur nächsten Übung.
➤ **So geht's weiter:** Zeigen Sie Ihrer Katze nach einer Aufgabe mit dem Target nur die Richtung und das

Agility

nächste Hindernis an. Bei speziellen Übungen wie „Männchen“, „Spin“ oder „Winken“ geben Sie ihr Wortsignale und unterstützen sie ggf. mit dem Target. Clicken Sie bevorzugt nur noch am Ende des Parcours, aber auch bei einer Aufgabe, die ihr Schwierigkeiten bereitet.

Variante: Selbstständiges Durchlaufen des Parcours
Ihre Katze überwindet mehrere Hindernisse in vorgegebener Reihenfolge. Dies gelingt gut, wenn Sie den Standort der Hindernisse im Laufe der Übungen nicht verändern. Beginnen Sie mit der letzten Aufgabe, z. B. dem Glöckchen. Später erhält die Katze im Idealfall nach Durchlaufen des gesamten Parcours hier die einzige Belohnung. Klappt die Übung, so beginnen Sie mit der vorletzten Aufgabe. Wenn sie diese zügig durchführt, verstärken Sie nicht, sondern loben begeistert und führen sie direkt im Anschluss zur letzten Aufgabe – mit anschließender Verstärkung, wenn sie diese gemeistert hat. Auf diese Weise schalten Sie ein Hindernis nach dem anderen jeweils vor die bisherigen. Hin und wieder verstärken Sie eine Übung mitten im Parcours, damit Ihre Katze die Reihenfolge beibehält und nicht abkürzt.

GU

Ratgeber, S. 11, 22

31 | Lichtschalter betätigen

➤ **Ziel:** Ihre Katze schaltet auf Kommando eine Lampe an oder aus.

➤ **Hintergrund:** Den Wandschalter zu betätigen, ist eine Übung für sehr sportliche Katzen. Aber fast jede Katze kann lernen, einen liegenden Schalter oder Tastdimmer zu bedienen.

VARIANTE: BODENSCHALTER

Üben Sie mit Ihrer Katze den Umgang mit einem Pfotentarget (→ Karte 2) in Form eines selbstklebenden Notizzettels. Außerhalb der Übungen ist er nicht im Sichtfeld der Katze. Legen Sie den Zettel auf den Boden, während Ihre Katze zuschaut. Verstärken Sie jede Annäherung und schließlich jede Berührung mit einer Vorderpfote. Tapst sie zielstrebig darauf, so kleben Sie den Zettel auf den Schalter und üben einen festen Pfoteneinsatz mit Ihrer Katze, bis sie tatsächlich den Schalter umlegt. Führen Sie ein Signalwort ein, z. B. „Licht“. Schneiden Sie nach jeweils etwa fünf Durchgängen einen kleinen Streifen ab, sodass der Zettel immer kleiner wird, schließlich lassen Sie ihn ganz weg.

1

Lichtschalter betätigen

2

Variante: Tastdimmer
Beginnen Sie wie mit dem Bodenschalter. Bevor Sie aber das Signalwort einführen, trainieren Sie ein festes und v. a. längeres Drücken des Schalters. Sie verlängern die Dauer der Pfotenberührung, indem Sie die Verstärkung während des Schalterdrückens langsam hinauszögern. Ihre Katze lässt den Schalter los, wenn Sie clicken. Üben Sie ein Stoppsignal, z. B. „Genug", indem Sie es mehrmals genau vor jedem Click sagen.

Variante: Wandschalter
Schlägt Ihre Katze zuverlässig mit der Pfote auf einen Haftzettel, kleben Sie ihn auf Kopfhöhe der Katze an eine Wand unterhalb des Schalters, den sie bedienen soll. Verstärken Sie mehrere schnelle Pfotenschläge und führen Sie ein Wortsignal ein. Kleben Sie den Zettel im Laufe des Übens immer etwas höher an die Wand und schließlich direkt auf den Lichtschalter. Trifft sie den Schalter zielsicher, so verkleinern Sie den Zettel immer weiter und lassen ihn dann evtl. weg.

TIPP:
Um keine Energie zu verschwenden, knüpfen Sie die Übung sorgfältig an Ihr Wortsignal oder den Klebezettel, den Sie nur bei Bedarf auf dem Schalter befestigen.

Ratgeber, S. 21/22

32 | Klavier spielen

➤ **Ziel:** Ihre Katze schlägt die Tasten eines Klaviers oder Keyboards an.
➤ **Hintergrund:** Der Trick kann einfach oder anspruchsvoll gestaltet werden, vom Anschlagen beliebiger Noten bis zum Anspielen eines Liedes. Als Instrument eignet sich sowohl ein Keyboard, dessen Lautstärke Sie zu Beginn drosseln, als auch ein Klavier. Das Klavierspiel sollte sie jedoch kennen, damit sie nicht erschrickt. Verwenden Sie für verschiedene Aufgabenstellungen unterschiedliche Wortsignale.
➤ **Anfänge:** Locken Sie Ihre Katze mit Leckerchen oder Target auf einen Sitz vor dem Instrument und belohnen Sie ihre Anwesenheit dort, bis sie sich auf dem Platz wohlfühlt. Clicken und belohnen Sie die Katze anschließend, wenn sie Interesse an der Klaviatur zeigt. Bewegungen mit den Vorderpfoten in Richtung Tasten lassen sich ebenfalls schnell mit dem Target formen. Verstärken Sie erste Berührungen einer beliebigen Taste sorgfältig bis zu einem festen Anschlagen.

VARIANTE: „FREE JAZZ“
Wenn Sie möchten, dass Ihre Katze ihr eigenes „Klavierstück“ spielt, sollte sie sich nicht auf eine Taste und eine Pfote beschränken. Verstärken Sie zunächst das Platzieren beider Pfoten auf der Tastatur und das „beidpfötige“ Anschlagen der Tasten. Gegebenenfalls locken Sie sie zwischendurch mit dem Target auch

1

Klavier spielen

zu benachbarten Tasten, um ein variables Spiel zu erreichen. Wiederholtes Anschlagen der Tasten formen Sie, indem Sie nach der Verstärkung des Tastendrückens Click und Belohnung etwas hinauszögern, bis Ihre Katze zweimal anschlägt. Zögern Sie die Verstärkung dann noch weiter hinaus, damit Ihre Katze die Tasten häufiger bedient.

2

Variante: Exakte Note spielen

Einen beeindruckenden Trick zeigt Ihre Katze, wenn Sie ihr das Spielen einer bestimmten Note beibringen und sie damit an einem von Ihnen gespielten Klavierstück teilnimmt. Hier eignet sich zum Üben ein schmaler Klebezettel mit aufgemaltem Punkt als Pfotentarget (→ Karte 2), den Sie auf die gewünschte Taste kleben. Verstärken Sie das Anspielen nur dieser Taste und führen Sie ein Handzeichen oder Wortsignal ein. Dann verkleinern Sie den Zettel schrittweise, bis nur noch der Markierungspunkt übrig ist. Recht einfach ist der Trick noch für Ihre Katze, wenn sie das Klavierstück mit „ihrer" Note beginnt oder beendet. Wenn Ihre Katze die letzte Note spielen soll, trainieren Sie das Warten (→ Karte 9) und spielen zunächst nur die letzten Takte des Liedes.

Ratgeber, S. 25, 30